新时代基层工会干部素质能力构成与培养

名誉主编◎刘向兵　王利中
主　编◎李　珂　范丽娜

中国工人出版社

图书在版编目（CIP）数据

新时代基层工会干部素质能力构成与培养 / 李珂，范丽娜主编. -- 北京 : 中国工人出版社, 2025. 1.
ISBN 978-7-5008-8508-5

Ⅰ. D412.6

中国国家版本馆CIP数据核字第20241BT958号

新时代基层工会干部素质能力构成与培养

出 版 人	董　宽
责任编辑	赵晨羽　李滢洁
责任校对	张　彦
责任印制	栾征宇
出版发行	中国工人出版社
地　　址	北京市东城区鼓楼外大街45号　邮编：100120
网　　址	http://www.wp-china.com
电　　话	（010）62005043（总编室） （010）62005039（印制管理中心） （010）62382916（工会与劳动关系分社）
发行热线	（010）82029051　62383056
经　　销	各地书店
印　　刷	北京市密东印刷有限公司
开　　本	710毫米×1000毫米　1/16
印　　张	15.75
字　　数	196千字
版　　次	2025年5月第1版　2025年5月第1次印刷
定　　价	56.00元

本书编委会

名誉主编　刘向兵　王利中

主　　编　李　珂　范丽娜

副 主 编　王　昆　刘建媛　李　迅　郭志武

成　　员　（以姓氏笔画为序）

王中女　刘瑶瑶　刘　曦　李悦群

汪星余

前言

PREFACE

工运事业是党的事业的重要组成部分，工会工作是党治国理政的一项经常性、基础性工作。基层工会干部作为工会工作的基础和骨干，其素质能力直接关系到工会组织的战斗力和凝聚力，关系到广大职工的获得感、幸福感和安全感。面对新形势新任务，如何提升基层工会干部的素质能力，已成为干部队伍建设中需要重点关注和深入探索的重要课题。《新时代基层工会干部素质能力构成与培养》一书正是为解决这一课题精心编写。

本书以习近平新时代中国特色社会主义思想为指导，深入贯彻习近平总书记关于工人阶级和工会工作的重要论述，紧密围绕全国总工会“559”工作思路，对新时代基层工会干部素质能力的构成与培养进行了全面、系统、深入的阐述。

本书紧扣新时代基层工会干部这一关键群体，从政治能力、专业能力、群众工作能力、改革创新能力等方面，深入剖析基层工会干部应具备的素质，结合工作场景，提供切实可行的成长路径，体现了量身定制的编写理念。

一是主题鲜明突出，聚焦新时代基层工会干部四大核心能力，引导基层工会干部突破传统思维，探索适应时代发展的工作模式，助力其全方位提升素质，更好地服务职工群众。

二是内容构思新颖，通过“情境导入”激发情感共鸣，“能力构成”梳理必备技能，“培养路径”提供实操方法，“思考提升”助力自我提升，“延伸阅读”拓展视野格局，各部分内容层层递进，逻辑严密，构建起系统学习体系。

三是方法多样实用，以问题为导向，结合丰富的情境与案例，为基层工会干部提供多维度解决方案，具有较强的实用性和可操作性。基层创新案例与理论的融合，既满足了工会干部实际工作需求，又助力其理论学习。

希望本书能成为基层工会干部的良师益友，也期待广大读者提出宝贵意见。

编者

2025年3月

目录

CONTENTS

第1章　基层工会干部素质构成概述 / 001

第一节　党的干部队伍能力建设理论 / 003

第二节　基层工会干部能力素质发展历程 / 012

第三节　新时代基层工会干部能力素质体系 / 019

本章结语 / 030

第2章　新时代基层工会干部应具备的政治能力 / 031

第一节　政治判断力 / 033

第二节　政治领悟力 / 042

第三节　政治执行力 / 052

第四节　政治引领力 / 062

本章结语 / 075

第3章　新时代基层工会干部应具备的专业能力 / 077

第一节　组织领导能力 / 079

第二节　维权服务能力 / 094

第三节　构建和谐劳动关系能力 / 108
第四节　财务资产管理能力 / 125
本章结语 / 137

第 4 章　新时代基层工会干部应具备的群众工作能力 / 139

第一节　调查研究能力 / 141
第二节　沟通协调能力 / 151
第三节　宣传影响能力 / 162
第四节　应急处突能力 / 176
本章结语 / 190

第 5 章　新时代基层工会干部应具备的改革创新能力 / 191

第一节　发现问题能力 / 193
第二节　创新思维能力 / 203
第三节　攻坚克难能力 / 215
第四节　数智力 / 226
本章结语 / 237

结束语 / 238

参考文献 / 242

第1章

基层工会干部素质构成概述

干部队伍素质的高低，事关党和人民事业的成败。全面建设社会主义现代化国家，必须有一支政治过硬、适应新时代要求、具备现代化建设能力的干部队伍。毛泽东在党的六届六中全会上提出，“政治路线确定之后，干部就是决定的因素”。工会工作是党的群众工作的重要组成部分，工会干部是党的干部，是党和国家人才资源的重要组成部分。建设一支适应新形势新任务新要求的高素质专业化工会干部队伍，关系到党的工运事业和工会工作发展全局。习近平总书记强调，工会干部队伍是做好新时代工会工作的重要组织保证，要推动建设一支高素质专业化的工会干部队伍。《中国工会章程》明确规定，各级工会组织要落实新时代好干部标准，努力建设一支坚持党的基本路线，熟悉本职业务，热爱工会工作，受到职工信赖的干部队伍。基层工会离职工最近、联系职工最直接、服务职工最具体，基层工会干部是落实工会各项工作的组织者、推动者和实践者，其素质高低直接影响着工会组织的引领力、组织力、服务力。新时代新征程，保持和增强工会的政治性、先进性、群众性，不断增强基层工会的引领力、组织力、服务力，迫切需要培养一支具备过硬的政治能力、专业能力、群众工作能力和改革创新能力的基层工会干部队伍，提高工会助力高质量发展本领、服务职工群众本领、防范化解风险本领，切实发挥党联系职工群众的桥梁纽带作用。

第一节　党的干部队伍能力建设理论

党的干部队伍能力建设理论的形成和发展，离不开马克思主义的指导，马克思、恩格斯、列宁关于无产阶级政党领导权威思想和无产阶级政党干部队伍建设思想，为世界无产阶级政党维护党的领导权威和领导干部能力素质建设提供了理论遵循。中华优秀传统文化中蕴含着丰富而深刻的领导能力素质建设思想，为党的干部队伍能力建设理论形成提供了文化沃土。

在中国共产党的百年奋斗历程中，基于不同时期面临的复杂形势、主要任务与中心工作，中国共产党对干部能力素质提出了与时俱进的要求，将打造一支能力强、素质高、全心全意为人民服务的干部队伍作为党的一项重要工作。

一、习近平总书记关于干部队伍能力建设的重要论述

党的十八大以来，习近平总书记把干部队伍能力建设放在管党治党、治国理政的突出位置，围绕为什么提升能力、提升哪些能力、怎样提升能力等作出一系列重要论述，深刻阐明干部能力建设中具有方向性、根本性的重大问题，强调领导干部学习不学习不仅仅是自己的事情，本领大小也不仅仅是自己的事情，而是关乎党和国家事业发展的大事情。

2013 年 6 月，习近平总书记在全国组织工作会议上明确提出“信

念坚定、为民服务、勤政务实、敢于担当、清正廉洁”的好干部标准。2017 年 10 月，习近平总书记在党的十九大上进一步提出干部“既要政治过硬，也要本领高强”，明确指出干部需要增强学习本领、政治领导本领、改革创新本领、科学发展本领、依法执政本领、群众工作本领、狠抓落实本领、驾驭风险本领等“八项本领”。2020 年 10 月，习近平总书记在 2020 年秋季学期中央党校（国家行政学院）中青年干部培训班的开班仪式上指出：“干部特别是年轻干部要提高政治能力、调查研究能力、科学决策能力、改革攻坚能力、应急处突能力、群众工作能力、抓落实能力，勇于直面问题，想干事、能干事、干成事，不断解决问题、破解难题。”党的二十大报告强调，建设堪当民族复兴重任的高素质干部队伍，选拔忠诚干净担当的高素质专业化干部，加强实践锻炼、专业训练，增强干部推动高质量发展本领、服务群众本领、防范化解风险本领。

二、习近平总书记关于工人阶级和工会工作的重要论述

党的十八大以来，习近平总书记就党的工运事业和工会工作发表一系列重要讲话、作出一系列重要指示，形成习近平总书记关于工人阶级和工会工作的重要论述。2023 年 9 月，中央党史文献研究院正式出版发行《习近平关于工人阶级和工会工作论述摘编》，用“坚持党对工运事业和工会工作的领导，坚持全心全意依靠工人阶级的根本方针，牢牢把握为实现中华民族伟大复兴中国梦而奋斗的时代主题，加强对职工群众的思想政治引领，努力建设高素质劳动大军，大力弘扬劳模精神、劳动精神、工匠精神，要切实实现好、维护好、发展好工人阶级和广大劳动群众合法权益，深入推进工会改革创新”等八个专题概括习近平总书记对工运事业和工会工作的主要内容和深刻内涵。在习近平总书记关于工人阶级和工会工作的重要论述中，多次对工会干部队伍建设进行科学阐

述、提出明确要求，深刻揭示了新时代加强工会干部队伍建设的重大意义、目标任务、职责使命、能力素质、作风建设和实践要求。概括起来主要是：第一，工会干部是党的干部、必须坚持新时期好干部标准。习近平总书记指出，群团干部队伍是党的干部队伍的重要组成部分，是做好党的群团工作的重要组织保证。工会干部时刻都要牢记自己是党的干部，做到信念坚定、为民服务、勤政务实、敢于担当、清正廉洁，努力做让党放心、让人民满意的好干部。第二，工会干部要坚定理想信念、履行政治责任。习近平总书记指出，要教育引导群团干部做到心中有党、对党忠诚；广大群团干部要加强思想道德修养，坚定理想信念，严格要求自己，自觉践行社会主义核心价值观；广大工会干部要坚定不移走中国特色社会主义工会发展道路，坚守工会工作的主战场，狠抓工会工作的中心任务，模范履行工会组织的政治责任，更好发挥工会组织作用；群团干部特别是领导机关干部要深入基层、深入群众，争当全心全意为人民服务宗旨的忠实践行者、党的群众路线的坚定执行者、党的群众工作的行家里手。第三，工会干部要提升能力素质、增强群众工作本领。习近平总书记指出，工会干部要加强学习、增强本领，努力走在时代前列、走在职工群众前列，在经济社会发展最需要的地方、在企业生产一线、在职工群众的伟大实践中经风雨、见世面，努力把自己锤炼成听党话、跟党走、职工群众信赖的“娘家人”；群团干部要由知群众、懂群众、爱群众的人来当，要有做群众工作的本领和经验，懂得群众的语言和习惯，熟悉群众的愿望和心声，善于运用新形势下群众工作方式方法；群团干部和骨干应该在战斗中成长，网上舆论斗争就是群团组织必须抓好的一个很重要的战场。第四，工会干部要加强作风建设、密切联系群众。习近平总书记指出，要教育引导群团干部做到心系群众、为民造福，求真务实、真抓实干；工会干部特别是领导干部，要走出高楼大院，摆脱文山会海，破除衙门作风，破除机关化、行政化现象，更多到职工群众中去，保持同职工群众的密切联系，依靠职工群众开展工作；机关干部下基层活动要常态化、制度化，成为每个干部的习惯和自觉；要建立基层联系点，同困难群众结对子，组织活动请群众一起设计，部署任务请群众一起参与，表彰先进请群众一起评议；工会干部、工作人员密切联系群众，保持良好工作作风，这是党对工会的一贯要求；完善联系职工群众的制度机制，深入基层一线，加强调查研究，坚决防止“四风”特别是形式主义、官僚主义，让职工群众真正感受到工会是职工之家，工会干部是最可信赖的娘家人、贴心人。第五，工会干部要保持清正廉洁、加强党风廉政建设。习近平总书记指出，要自觉践行“三严三实”，自觉抵制和纠正“四风”问题，带头尊法学法守法用法，慎始慎初、慎微慎独，把好权力关、金钱关、美色关，做到心有所为、言有所戒、行有所止；要加强对干部的教育管理监督，切实落实党风廉政建设的主体责任和监督责任。第六，要加强工会干部选拔使用、教育管理。习近平总书记指出，要坚持德才兼备、以德为先，全面加强群团干部队伍建设；要加强对工会干部的教育、管理、监督；群团机关干部，总体上应该有基层工作经历，要注重在基层一线锻炼培养；群团干部要多采取兼职的方式，群团组织领导班子、机关工作部门、下属单位都可以在这方面进行探索，要真正发挥兼职成员作用；各级党委要加强和改进党对工会工作的领导，研究解决工会工作中的重大问题，推动建设一支高素质专业化的工会干部队伍，支持工会依法依章程创造性开展工作。习近平总书记的重要论述，把我们党对加强群团组织工作的规律性认识提升到新的高度，具有深邃的理论性、根本的指导性和鲜明的导向性。

三、新时代好干部标准

2013 年 6 月，习近平总书记在全国组织工作会议上强调：“我们党历来高度重视选贤任能，始终把选人用人作为关系党和人民事业的关键性、根本性问题来抓。好干部要做到信念坚定、为民服务、勤政务实、敢于担当、清正廉洁。党的干部必须坚定共产主义远大理想、真诚信仰马克思主义、矢志不渝为中国特色社会主义而奋斗，全心全意为人民服务，求真务实、真抓实干，坚持原则、认真负责，敬畏权力、慎用权力，保持拒腐蚀、永不沾的政治本色，创造出经得起实践、人民、历史检验的实绩。”这次会议首次提出好干部的五条标准，即“信念坚定、为民服务、勤政务实、敢于担当、清正廉洁”。这是对各级干部的基本要求，也是新时期干部实践工作中的基本准则，同时为领导干部的价值观指明了方向。好干部的五条标准相辅相成，联系密切，缺一不可。好干部要做到政治上靠得住，坚定理想信念不动摇；群众信得过，为民服务忠诚于人民；工作上有本事，勤勉实干有业绩；事业上有担当，敢作敢为攻难关；作风上过得硬，廉洁奉公有原则。

此后，习近平总书记又陆续提出“三严三实”“对党忠诚、个人干净、敢于担当”“四有”“四个铁一般”“五个过硬”“高素质、专业化”等要求，抓住新时代干部工作的核心问题，对党的高级干部、县处级干部、政法干部、军队干部、少数民族干部、国有企业领导干部等分别提出具体要求，涉及好干部的基本标准、成长途径、选用方法、监督要求等内容，为党的干部队伍建设树立了时代标杆。

（一）信念坚定

理想信念是中国共产党人的精神支柱和政治灵魂，也是保持党的团结统一的思想基础。一个党、一个国家、一个民族，不能没有灵魂。人民有信仰，国家有力量，民族才有希望。习近平总书记指出："信念坚定，党的干部必须坚定共产主义远大理想，真诚信仰马克思主义，矢志不渝为中国特色社会主义而奋斗，坚持党的基本理论、基本路线、基本纲领、基本经验、基本要求不动摇。"中国共产党成立一百多年来，始终有着崇高理想和坚定信念。这个理想信念，就是马克思主义信仰、共产主义远大理想、中国特色社会主义共同理想。好干部，必须是一心一意跟党走，坚定信仰马克思主义，严格遵守政治规则和政治纪律，同党中央保持高度一致的干部。好干部必须永远保持对共产主义远大理想的清醒认识和执着追求，认识到共产主义是目标与过程的统一，是理想与现实的统一；认识到党的中心任务、各项事业与实现最高理想是紧密关联的，要发挥先锋模范作用，将日常工作与实现最高理想紧密结合。形成坚定理想信念，既不是一蹴而就的，也不是一劳永逸的，而是要在自觉修炼和斗争实践中不断砥砺前行、经受考验。理论上清醒，政治上才能坚定。理想信念不是与生俱来的，也不是一成不变的，需要经历在实践和认识交互中不断生成并内化自觉的过程。党员干部坚定理想信念是终身课题，需要常修常炼，要信一辈子、守一辈子。

（二）为民服务

1945 年，党的七大正式把"为人民服务"写进《中国共产党章程》，明确了"全心全意为人民服务"是中国共产党的根本宗旨。中国共产党成立一百多年来，一代代中国共产党人始终牢记为中国人民谋幸福，为中华民族谋复兴的初心和使命，同人民想在一起、干在一起，风雨同舟、顽强奋斗，实现了中华民族从站起来、富起来到强起来的伟大飞跃。习近平总书记指出："为民服务，党的干部必须做人民公仆，忠诚于人民，以人民忧乐为忧乐，以人民甘苦为甘苦，全心全意为人民服务。"坚持为民服务，必须确保人民赋予的权力始终用来为人民谋幸福，切实做到权为民所用、情为民所系、利为民所谋。所有党员干部要时刻牢记，手中的权力无论大小，都是人民赋予的，只能用于为人民服务，为群众做事。必须做到不为名所缚，不为物所累，不为利所驱，清正廉洁，勤政为民。坚持为民服务，必须解决好群众急难愁盼的问题。结合正在开展的党史学习教育，所有党员干部要从最困难的群众入手、从最突出的问题抓起、从最现实的利益出发，用心用情用力解决好群众急难愁盼问题，力争把好事办实、把实事办好，办到群众心坎上，让群众有更多、更直接、更实在的获得感。

（三）勤政务实

勤政务实是干部的履职之要、兴业之基，是新时期各级干部践行为人民服务宗旨和群众路线的具体实践。习近平总书记指出："勤政务实，党的干部必须勤勉敬业、求真务实、真抓实干、精益求精，创造出经得起实践、人民、历史检验的实绩。"勤政，就是要恪尽职守、埋头苦干、有所作为；务实，就是重实际、说实话、办实事、求实效。只有坚持勤政务实才能把新征程擘画的美好蓝图变为现实。一是勤勉工作，爱岗敬业。勤勉工作是党员干部成长进步的基本途径，也是党员干部干事创业的基本要求。作为党员干部，不论担负什么职责，不论职务大小，都要认真履职尽责。居其职而敬其业，在其位而尽其责。要"勤动脑"，坚持一切从实际出发，不唯书、不唯上，要切实克服"精神懈怠的危险"；要"勤动眼"，多看书、多看报，多看新闻，处处留心，事事注意，观察和发现问题，总结经验教训；要"勤动腿"，走出办公室，扎根基层，多到最困难的地方去，多到群众意见多的地方去，多到工作推不开的地方去。二是求真务实，真抓实干。求真务实是中国共产党思想路线的核心内容，是各级干部必备的政治品格、工作方法和优良作风。要坚持一切从实际出发，根据所处的客观条件作决策，不搞不切实际的高指标。要认真调查研究，做到问题烂熟于心，针对问题采取措施，不瞎指挥。要实事求是，不主观臆断，不拍脑袋想当然作决策。要把解决实际问题作为根本职责，在务求实效上取得政绩。不急功近利，不好大喜功，以干部的辛苦指数换群众幸福指数。

（四）敢于担当

把使命扛在肩上，勇于担当负责，积极主动作为，面对困境敢于创新突破、敢于先干先行，是新时代党员干部敢于担当的最显著的特征。中国共产党的历史就是一部担当史，推翻“三座大山”、建立新中国，是共产党人的民族担当；实行改革开放、告别贫穷落后，是共产党人的为民担当；进入新时代，实现中华民族伟大复兴的中国梦，更好满足人民群众对美好生活的需要，更需要共产党人的担当。“担当”一词在习近平总书记话语里多次出现，也成为习近平总书记身体力行的一种领导行为。习近平总书记指出：“敢于担当，党的干部必须坚持原则、认真负责，面对大是大非敢于亮剑，面对矛盾敢于迎难而上，面对危机敢于挺身而出，面对失误敢于承担责任，面对歪风邪气敢于坚决斗争。”要涵养担当本领，加强学习修养，砥砺意志品格，把握政策走向，注重研究分析，掌握科学方法，提高决策水平，在总结实践经验中不断提高能力，在集中群众智慧中完善解决问题。要敢于直面矛盾问题，把握好时代发展要求，强化问题意识，坚持问题导向，善于运用辩证思维、系统思维、底线思维提升解决问题、化解矛盾的能力，积极稳妥推进改革。要勇于开拓创新，善于打破思维惯性和工作惯性，提升创新思维能力，运用创新思维抢占先机厚植优势，以创新举措破解发展难题，在开拓创新中体现担当。

（五）清正廉洁

清正廉洁是马克思主义政党建设的本质要求，也是共产党人应有的政治品格和道德操守。中国共产党自诞生伊始，就把清正廉洁作为必备的政治品格镌刻在旗帜上。党领导人民进行革命、建设、改革的历史进程，也是不断清除一切损害党的先进性和纯洁性的因素、不断清除一切侵蚀党的健康肌体的病毒的过程。党的廉洁纪律是党的各级组织和全体党员为确保清正廉洁在从事公务活动或者其他活动中应当遵守的廉洁用权的行为规则，为全体党员特别是领导干部划定不可触碰的底线，是实现干部清正、政府清廉、政治清明的重要保障。习近平总书记指出："清正廉洁，党的干部必须敬畏权力、管好权力、慎用权力，守住自己的政治生命，保持拒腐蚀、永不沾的政治本色。"坚持清正廉洁，最基本的要求是对廉洁纪律的相关规定了然于胸，应以《中国共产党纪律处分条例》学习为重点，自觉加强对廉洁纪律的学习，准确掌握主旨要义和具体规定要求，明确行使职权的纪律标尺。要始终对权力怀有平常之心、戒惧之意，在严格自律中加强党性修养和品格陶冶，以高标准严要求锤炼廉洁自律的政治品格，切实践行对国家和人民的责任与担当。

第二节　基层工会干部能力素质发展历程

重视学习、善于学习，是中国共产党的优良传统，也是中国共产党始终走在时代前列、引领中国发展进步的重要保证。干部教育培训事业是随着党的孕育创建而诞生，随着党的成长壮大而发展的。中国共产党成立伊始，便高度重视干部教育工作，建立起自中央到基层的完备的干部教育培训体系。工会干部是党的干部的重要组成部分，国家始终将提高工会干部素质能力作为一项重要工作内容，培养造就了一批又一批领导骨干和优秀工会工作人才，为党的工运事业和工会工作提供了重要的思想政治保证、干部人才和智力支持。

一、新民主主义革命时期——工会干部与党的干部工作相伴相生、高度契合

中国共产党成立前夕，上海共产主义小组和北京共产主义小组分别领导成立沪西工人半日学校和长辛店劳动补习学校。1921 年党的一大通过的《中国共产党第一个决议》提出：各种产业部门都要建立工人学校，提高工人的觉悟，并逐渐使之变成工人政党的中心机构。这是中国共产党关于干部教育的最早阐述。1938 年 2 月，刘少奇在《工会工作大纲》中对各级工会干部从事革命事业、开展工人运动提出具体要求，标志着工会工作和工会干部培养趋向成熟。1939 年 3 月，中央职工运动委

员会领导成立了延安工人学校，这是中国共产党为培养工会干部创办的第一所工会干部学校。1940 年，中共中央在对“五一”工作的指示中要求：“在各种党和非党的学校和训练班中应特别注意培养工人干部的工作。”1946 年，晋察冀边区行政干部学校（后更名为华北职工学校、华北职工干部学校）成立，为培养国家机关和国营企业工会干部奠定了基础。1948 年 12 月，中共中央印发《关于大量提拔培养产业工人干部的指示》，指出：“在一切可能的地方，大批地培养、训练和提拔产业工人和职员干部，已成为目前全党性的迫切的中心任务之一。”全国总工会也对工会干部教育培训工作作出部署安排，明确教育培训的原则、目的、形式、任务，并有计划、有重点地编纂工会干部教育培训教材。

这一时期，工会干部的培育与党的干部工作高度契合。党围绕推动工农运动、土地革命、武装斗争、根据地建设等，通过全国代表大会、中央全会和庆祝“五一”国际劳动节等重要会议，发布工作指示，对培养工会干部人才提出明确要求，指明了工会干部培养的方向。这一时期是党的工会干部培育工作的初创期。强调启蒙工人思想、提高工人队伍思想觉悟，党有计划地举办各种干部训练班，创办工人学校，宣传党的路线方针、政策主张，组织教育工人，在广大工人中发掘和培养一批优秀分子，成为领导工人运动的骨干力量，为促进党的革命事业输送了干部。

二、社会主义革命和建设时期——工会干部能力素质发展的探索阶段

1949 年 3 月，党的七届二中全会召开，毛泽东明确提出在城市工作中必须坚持全心全意依靠工人阶级的根本指导方针。7 月，全国工会工作会议召开，明确提出“要在一年左右，基本上把全国工人阶级组织起

来”的要求。9月，经党中央批准，华北职工干部学校改组为中华全国总工会干部学校（简称“全总干校”），作为党中央和全国总工会培养工人骨干及各级工会干部的主渠道、主阵地。各级地方工会和产业工会也纷纷成立工会干部学校或工会干部训练班。1950年《中华人民共和国工会法》颁布，为工会干部开展工作提供法律保障，工会干部队伍建设纳入法治化轨道。1953年5月，中国工会第七次全国代表大会指出，各级工会组织要把工会干部队伍建设的重点转到有计划培养与训练积极分子和干部的工作上来，并提高他们的思想水平与业务水平。1956年，全国总工会颁布《关于加强工会干部训练工作的决定（修正草案）》和《干部训练工作七年规划》，制订具体的工会干部培训计划，将有效地提高工会干部的理论、业务和文化水平，作为加强工会建设的重要措施之一。1957年10月，党的八届三中全会提出建设“又红又专”的干部队伍。1957年12月，中国工会第八次全国代表大会指出，要坚决响应党中央的号召，适当地改造工会干部队伍。

这一时期，党的工作重心由农村转入城市，党对工会干部队伍建设提出了工会干部尽快学会管理，学会主持经济工作，帮助工人群众树立主人翁意识，组织工人群众参加生产建设，以满足社会主义建设需要的要求。通过各级党校、工会干部培训学校等培训了一大批既具有无产阶级世界观，又掌握专业知识和技术的工会干部。

三、改革开放和社会主义现代化建设新时期——按照干部“四化”方针落实“三家五能力”要求

党的十一届三中全会开启了改革开放和社会主义现代化建设的新时期，中国干部人事制度不断积极探索、丰富创新、深化前行。党的干部教育培训工作开拓创新，稳步发展，成绩显著。干部教育培训工作在推

进干部队伍建设、各级领导班子建设和基层党组织建设中发挥了重要作用，为改革开放和社会主义现代化建设作出了重要贡献。

全国总工会通过成立领导小组、召开专题会议、制定制度文件、加强院校建设等，不断加大工会干部教育培训工作力度。各级工会组织按照德才兼备原则和干部“四化”方针，努力建设一支政治立场坚定、业务能力过硬、群众观念牢固、工作作风严谨的高素质工会干部队伍。1983 年，中国工会第十次全国代表大会对《中国工会章程》进行修订，明确以“四化”标准建设工会干部队伍。同期，还成立了全国工会干部教育工作领导小组，负责对工会干部教育培训工作的整体规划、制度建设、宏观指导、协调服务、督促检查。1986 年，首届全国工会干部教育工作会议召开，通过《全国工会干部培训规划要点》，明确要在五年内完成工会干部学历提升工作。1988 年，中国工会第十一次全国代表大会报告中指出，改革工会的干部人事制度，加强工会干部队伍建设，努力建设一支具有较高理论政策水平、熟悉工会业务、真心实意为职工群众服务的工会干部队伍。1991 年 4 月，全国工会干部教育工作会议制定《1991—1995 年全国工会干部培训规划》和《关于加强工会干部院校建设的意见》，形成每五年召开一次全国工会干部教育培训工作会议、制定工会干部教育培训五年规划的机制。1993 年，中国工会第十二次全国代表大会报告中再次强调，不断推进工会的改革和建设，坚持用建设有中国特色社会主义理论武装工会干部，加强工会领导班子建设，按照“四化”方针和德才兼备原则，配备好各级工会领导班子。2001 年，全国总工会首次提出“十五”期间对工会专兼职干部普遍进行一次轮训的目标。2003 年 12 月，中华全国总工会十四届三次主席团（扩大）会议提出，全国总工会机关和省级工会的主要领导同志要努力成为具有“较高判断形势能力、适应市场经济能力、应对复杂局面能力、服务大局能力、依法办事能力的政治家、社会活动家和协调劳动关系专家”。

这一时期，工会组织面对全面建设小康社会提出的新任务，落实党的组织路线和干部政策，从党的工运事业发展和需要出发，积极适应“革命化、年轻化、知识化、专业化”干部队伍建设和改革开放新时期工会工作发展要求，以培育适应社会主义市场经济要求的高素质的工会干部队伍为目的，以岗位培训为基础，在教育培训的理念、内容和形式等方面进行大胆创新，积极探索适合中国工会干部教育培训的新经验，努力把工会干部教育培训工作提高到一个新水平，为改革开放和社会主义现代化建设时期工会工作提供更加有力的人才支持和知识贡献。

四、中国特色社会主义新时代——建设高素质专业化工会干部队伍

党的十八大以来，以习近平同志为核心的党中央将干部教育培训作为干部队伍建设的先导性、基础性、战略性工程来抓，着眼于建设高素质专业化干部队伍，增强广大干部适应新时代、促进实现高质量发展的能力。2023 年 9 月，中共中央印发了修订后的《干部教育培训工作条例》（以下简称《条例》）和《全国干部教育培训规划（2023—2027 年）》（以下简称《规划》），对全国干部教育培训工作作出全面部署。新修订的《条例》对干部教育培训内容体系构成作了进一步概括和完善，规定“干部教育培训以深入学习贯彻习近平新时代中国特色社会主义思想为主题主线，以党的理论教育、党性教育和履职能力培训为重点，注重知识培训”。这一规定明确新时代干部教育培训内容体系主要包括四个方面，即党的理论教育、党性教育、履职能力培训和知识培训。其中，党的理论教育是根本，党性教育是核心，履职能力培训是关键，知识培训是基础，四者共同构成了特色鲜明、主次分明、有机联系、相互促进

的中国特色干部教育培训内容体系。《规划》强调要把深入学习贯彻习近平新时代中国特色社会主义思想作为主题主线，紧紧围绕新时代新征程党的使命任务，持续深化党的创新理论武装，强化政治训练，加强履职能力培训，深入推进干部教育培训体系改革创新，高质量教育培训干部，高水平服务党和国家事业发展。

从工会情况看，2014 年 4 月，全国总工会印发《关于进一步加强干部教育培训工作的意见》，明确工会干部教育培训的主要内容、重点对象和目标要求。2016 年 8 月，全国工会干部教育培训工作会议召开，印发《2016—2020 年全国工会干部教育培训规划》，强调各级工会要着眼保持和增强工会组织和工会工作的政治性、先进性、群众性，聚焦工会干部教育培训的主业主课，着力提高工会干部教育培训工作科学化水平。2017 年 10 月，全国总工会印发通知，明确工会干部教育培训要坚持把学习贯彻习近平新时代中国特色社会主义思想摆在最突出的位置，贯彻落实《干部教育培训工作条例》《2013-2017 年全国干部教育培训规划》《2018-2022 年全国干部教育培训规划》。中国工会十七大后，全国工会干部教育培训工作会议召开，制定《2019—2023 年全国工会干部教育培训规划》，明确新时代工会干部教育培训工作的总体要求、培训内容、具体措施等。2020 年，全国工会干部院校座谈会召开，实施骨干教师培养计划，全国总工会组织编写《习近平关于工人阶级和工会工作论述摘编》《学习贯彻习近平总书记关于工人阶级和工会工作的重要论述教学大纲（试行）》等培训教材。2024 年 7 月，全国总工会印发《全国工会干部教育培训规划（2024—2028 年）》，坚持不懈用习近平新时代中国特色社会主义思想凝心铸魂，坚持把政治训练贯穿工会干部成长全周期，加强工会干部履职能力培训，推进工会干部培训资源建设，提升工会干部教育培训数智化水平，提高工会干部教育培训质量和活力，强化组织领导。

这一时期，工会干部能力素质建设始终紧扣政治性、先进性、群众性要求，坚持问题导向、需求导向、实践导向，以学习贯彻习近平新时代中国特色社会主义思想为中心内容，以培养造就“好干部”为主题，以服务党和国家工作大局为主线，以坚定理想信念为首要任务，着力加强工会干部党性教育、理论武装和专业能力培训，大力弘扬马克思主义优良学风，工会干部队伍素质能力不断提升。

第三节　新时代基层工会干部能力素质体系

一、基层工会干部能力素质内涵

“基层工会干部素质”是基层工会干部在行使自身职权和进行相关活动的过程中，直接影响工作能力和工作绩效的个人条件和行为特征的集合。工会干部的素质是其能力的基础和前提条件。能力不仅是一种把内在综合素质外化为行动的本领，也是一种适应、利用和改造环境的本领，一种得到他人认同、支持和追随的本领，一种不断创新、超越自我的本领。基层工会干部的能力素质能够按照一定的方法进行评价，其评价结果可以作为预测其工作绩效的重要依据。“基层工会干部能力素质模型”指胜任工会干部岗位的各种条件，具有驾驭岗位职责所赋予的各项工作的能力，能够根据既定的工作目标制定落实上级领导的方针政策，创造性地解决本辖区、本部门范围内出现的问题，保证各项工作和职工的生活健康稳定有序进行。

从目前工会干部胜任素质研究情况看，不同学者有不同的研究认识。有的从管理技能、人际沟通、心理特质、工会技能、组织文化、人力技能六个维度构建工会主席素质模型；有的从政治素质、法律素质、知识素质、能力素质、道德素质和身心素质六个维度研究工会干部素质构成；有的从商业管理胜任力、工会领导胜任力、员工领导胜任力、组织管理胜任力四个维度构建企业工会主席胜任力模型；有的从忠诚负责、关系协调、问题解决、成长学习四个维度构建企业工会主席胜任特征；还有的从个人特质、领导能力、沟通协调能力、战略管理能力、服务关怀意识、学习创新能力六个维度构建高校工会主席胜任力模型；有的针对国企工会干部特点优化胜任力模型，将国企工会干部胜任能力归为职业道德、基础知识、通用能力和专业能力四个维度，并依据四维度指标提升工会干部专业素质；有的从社会工作能力、个人情商、传统工会技能、学习发展能力、个人品德、个人技能和影响能力七个维度构建工会管理者胜任素质模型；有的从工会干部能力素质模型的视角出发构建“六位一体”工会干部教育培训体系 。

随着产业结构、劳动关系、职工队伍构成等发生一系列深刻变化，工会工作范围扩展、内容增多、任务加重且难度加大，对工会工作专业性、复杂性、综合性及精细化也提出了越来越高的要求，工会干部“本领恐慌”问题越发凸显。克服“本领恐慌”最有效的方法通俗来讲是将工会干部培养成为讲政治的“明白人”、有能力的“职业人”、懂专业的“工会人”，即提高工会干部的思想政治素质、职业能力素质、心理能力素质和专业能力素质等。在推进工会干部能力素质提升工程中，构建工会干部的能力素质体系并对其进行科学合理的评价是非常重要的一环。

二、新时代基层工会干部能力素质构成

全国总工会党组书记、副主席、书记处第一书记徐留平强调，要用“服务化、体系化、品牌化、创新化、数智化”方式赋能工会工作，对工会干部能力素质提出新的更高要求，提出工会干部卓越能力模型，包括政治力、领导力、管理力、专业力、沟通力、执行力、创新力、团队力、规范力、数智力等 10 项基本能力和 30 项细分能力。工会干部取得优秀

成就总公式是：成就（绩效）= 态度 × 能力 × 努力 × 方法 ×AI× 大环境，也就是个人的成就或绩效是态度（意愿，追求）、能力（素质，水平）、努力、方法（工具，模式）、AI（AI 的专业底座和广泛应用）和大环境之间的乘积。在工会干部卓越能力模型基础上，构建基层工会干部的能力素质体系并对其进行科学合理的评价，是推进工会干部能力素质提升工程的重要一环，也是推动工会工作高质量发展的核心动力。

基层工会干部能力素质体系构建原则首先应当突出“三性”，即政治性、先进性和群众性。政治性是灵魂，讲政治是对工会干部能力素质的第一要求；先进性是重要着力点，保持和增强工会组织的先进性是工会干部在新时代的重要责任；群众性是根本特点，要求工会干部竭诚维护、服务广大职工群众。基层工会干部能力素质具有系统性和综合性。正是这些能力要素间的相互作用影响着基层工会干部队伍运作方式、效率和效果，决定着干部队伍的整体素质。

（一）政治能力

政治性是工会的灵魂，是第一位的。工会干部承担着团结引导职工群众听党话、跟党走的政治责任，政治能力是基层工会干部的核心素养。深刻领悟“两个确立”的决定性意义，增强“四个意识”、坚定“四个自信”、做到“两个维护”，能够把讲政治的要求从外部要求转化为内在主动，体现在行动上、落实到工作中，做到政治理想坚定、政治方向正确、政治立场鲜明、政治纪律严明，在思想上政治上行动上同党中央保持高度一致。

1. 政治判断力：政治立场坚定，以忠诚党的事业、竭诚服务职工为己任，自觉坚持党的领导，坚持正确政治方向，能够用党的理论创新成果武装头脑、指导实践、推动工作。具有一定的政治敏锐性和鉴别力，忧患意识强、坚持底线思维，能够运用马克思主义立场、观点、方法分析在实际工作中遇到的问题，明辨大是大非，对劳动领域政治安全问题保持高度警惕，做到见微知著、举一反三、防患于未然，真正担当起党联系职工群众的桥梁和纽带的责任。

2. 政治领悟力：对同级党委和上级工会决策部署的领会、理解能力。对党的基本理论、基本路线、基本方略具有政治认同、思想认同、情感认同。深入学习领会习近平新时代中国特色社会主义思想，特别是习近平总书记关于工人阶级和工会工作的重要论述，能够把握核心要义和实践要求。明确新形势下基层工会工作要求和定位，紧紧围绕党的群团组织和工会定位开展工作，带着工作中的实际问题学习相关政策文件，并将学习成果转化为做好工作的思路和方法。

3. 政治执行力：严守政治纪律和政治规矩，廉洁奉公，自觉抵制不良因素的影响、干扰、诱惑，努力做政治上的“明白人”“老实人”。在开展工作的过程中，能够从政治上思考和处理问题，与党中央精神和上级工会决策部署对标对表，把党的路线方针政策坚决执行到位、把上级工会的决策部署不折不扣地落实到底，准确把握基层工会组织对上级政策精神的再决策、再部署。结合基层工作实际，把对上负责与对下负责结合起来，把职工群众组织起来、动员起来，保证各项工作举措在实际落地的过程中不变形、不走样，用心用力用情服务好职工群众。

4. 政治引领力：重视职工思想政治工作，广泛开展政治动员、政治引领、政治教育工作。引导职工始终以党的创新理论武装头脑，不断增强职工群众对党的思想认同、情感认同，统一思想、凝聚人心、化解矛盾、增进感情、激发动力。始终在政治立场、政治方向、政治原则、政治道路上同党中央保持高度一致，把职工群众最广泛最紧密地团结在党的周围，更好承担起引导职工群众听党话、跟党走的政治任务。

（二）专业能力

要具有服务职工的专业思维、专业素养、专业方法，熟悉基层工会业务，掌握扎实的工会业务知识和技能，具备团结动员职工建功立业、开展维权服务、构建和谐劳动关系、管理工会资产财务等方面的专业素养。能够运用与职工权益和工会工作密切相关的常用法律法规和政策熟练开展工作，善于依法依规依章程团结教育职工、履行维权服务基本职责、满足职工实际需求，把职工凝聚起来、动员职工围绕党的中心任务建功立业。

1. 组织能力：认真执行基层工会建设的基本任务，做好工会会员的发展、接收、教育和会籍管理工作，组织广大职工为实现党的中心任务建功立业。紧扣产业工人思想引领、建功立业、素质提升、地位提高、队伍壮大等重点任务，贯彻落实深化产业工人队伍建设改革的意见。组织开展劳动和技能竞赛、合理化建议、技能培训、技术革新和技术协作等活动。组织职工参加技术革新、技术协作、发明创造、合理化建议、网上练兵和“五小”等群众性创新活动，引导职工立足岗位职责、潜心创新创造。做好劳动模范和先进生产（工作）者的评选、表彰、培养和管理服务工作，大力弘扬劳模精神、劳动精神、工匠精神。

2. 维权服务能力：熟悉《劳动法》《劳动合同法》《工会法》等法律法规和《中国工会章程》，掌握与职工权益和工会工作密切相关的常用劳动法律法规和政策，运用法律意识、法治思维，依法履职。重点关注困难职工、农民工、新就业形态劳动者等需求较为集中、诉求更为强烈的群体，善于运用 12351 职工维权服务热线等方式，积极回应职工诉求。

3. 构建和谐劳动关系能力：能够积极组织职工选举职工代表、参与民主管理，切实保障职工的知情权、参与权、表达权、监督权。主动开展宣传宣讲和专题培训，引导职工有序表达诉求，提高职工代表的议事能力，推动全过程人民民主落地落实。主动参与协调劳动关系和劳动争议，有意识对接当地法院、人社、司法等部门，有机融入劳动关系协商协调机制。经常性开展风险隐患排查化解，努力将劳动关系矛盾和隐患化解在基层、消除在萌芽状态。

4. 财务资产管理能力：坚持正确使用方向，根据经费独立原则，按照预算、决算、资产监管和经费审查监督制度，收好、管好、用好工会经费。管理好工会资产和工会的企业、事业，保护工会资产不受损害，促进工会资产保值增值。

（三）群众工作能力

基层工会干部是打通服务职工群众“最后一公里”的关键，重视加强调查研究和理论研究是工会的优良传统。要准确把握新形势下群众工作的特点和规律，坚持一切为了群众，一切依靠群众，从群众中来、到群众中去，及时、真切、精确感知职工群众工作生活情况和主要诉求。能够把个人置于群众之中开展工作，密切联系群众、积极组织群众，站在职工群众的立场上，为职工群众说话办事，从巩固党执政的阶级基础和群众基础的高度，全方位服务职工，引导职工群众成为党执政的坚实依靠力量、强大支持力量、深厚社会基础。

1. 调查研究能力：具备调查研究的基础方法和技能，能够深入到基层中去、到群众中去、到实践中去，多层次、多方位、多渠道地调查了解情况。深刻理解广大职工的所思所想、所忧所盼，及时反映职工的意见、愿望和要求。坚决反对“四风”特别是形式主义、官僚主义，以扎实的工作作风和突出的工作成效取信于职工群众。

2. 沟通协调能力：在围绕中心、服务大局中找准坐标定位，不断解决好“我是谁、为了谁、依靠谁”的根本问题，站稳群众立场、增进群众感情。作风民主，联系群众，有较强的群众意识和群众感情，具备清晰、明确传递工会组织的决策和政策的表达能力。善于倾听，理解职工诉求和意见，能够自觉接受职工群众的批评和监督。具有团队精神，注重与他人协作开展工作。在处理工会事务时，具备较强的协商能力，能合理协调多方关系。具备解决冲突和心理疏导的基础方法和技巧，有意识地通过协调沟通，化解工作中的各种矛盾冲突。

3. 宣传影响能力：以积极热情的精神面貌开展工作，以服务职工为重点，深入基层一线，宣传党的群众路线和依靠工人阶级的方针、政策，培育和践行社会主义核心价值观，注重对职工的人文关怀、心理疏导和情绪引导。将宣传意识嵌入工作环节，积极宣传推广优秀职工代表的先进事迹，讲好职工故事，激发职工奋发向上、崇德向善的正能量。具有同理心和换位思考能力，主动构建良好的人际关系，依靠职工来影响和服务职工，带动、影响广大职工，增强职工队伍的向心力和凝聚力。

4. 应急处突能力：把竭诚为职工群众服务作为工会一切工作的出发点和落脚点，特别是在遇到突发问题时，能够为职工群众提供精准、贴心的服务，主动应对风险挑战、有效化解危机。具有较强的抗压能力，做好自身情绪管理，能够对事件进行全面分析，作出提前评估，预判事件发展趋势，提前采取计划、组织、培训、演练、改进等行动，以提升应对各种不同工作任务的能力。能够迅速判断形势、制定应对措施，有效协调各方，推动应急工作顺利开展。

（四）改革创新能力

改革创新能力指以锐意进取的精神风貌，结合实际创造性推动工作的能力素质。基层工会干部应坚持问题导向，认清工会组织面临的新形势新任务，明确推进工会工作的新特点新要求，掌握正确的思想方法和工作方法，科学分析问题、深入研究问题、攻坚解决问题，不断研究新情况，总结新经验，解决新问题，创新工作体系、工作内容和工作方式，坚持在继承中创新，在创新中发展，激发基层工会组织的活力。

1. 发现问题能力：具备敏锐全面的感知能力，善于观察和独立思考，能够在实践中发现问题。具有良好的主动学习习惯，有更新政治、文化、科学、技术和管理等知识的自觉，善于将现实问题与工作内容相结合，总结提炼出解决问题的目标方向、具体举措和工作方案，切实把理论学习成果转化为开展工作的新思路、新办法、新举措。

2. 创新思维能力：具备较强的逻辑思维能力、创造意识和创新精神，具备一定的观察、分析、思考、评估、推理和概括能力。能够从不同的角度和层面看待问题，善于发现他人难以察觉的联系和规律，勇于打破思维定式，提出新颖的解决方案和发现新的机会。自觉运用改革精神谋划工作，大胆探索，及时总结基层创造的鲜活经验，从理论和实践的结合上对具体工作作出新概括、明确新思路、提出新举措。

3. 攻坚克难能力：具有勇于直面问题、勇于责任担当、勇于自我革新、敢啃硬骨头的意识，具备一定的问题认知能力、分析推理能力、整合能力和行动力。在面对工作中的困难、挑战和问题时，能够积极应对、主动谋划，根据实际情况准确定位核心问题所在，尝试提出解决问题的思路和方法。具备良好的情绪管理能力、心理承受能力和自我调节能力，秉持冷静、坚定和乐观的态度开展工作，不轻易放弃或退缩。

4. 数智力：具有运用数字化技术的意识，主动顺应新形势下数字经济、数字产业的大潮流，把数字化思维和数字化工具的运用贯穿和体现到工会工作各方面全过程。善于走网上群众路线，运用新技术、新手段、新方式开展职工群众工作。积极将数字化、智能化最新工具与基层工作有机结合，熟练掌握各类办公软件、信息管理系统、在线协作平台和人工智能工具，高效地进行文档处理、信息管理、在线沟通和协作，全面提升工会工作数智化水平。具备网络安全意识，确保工会信息和数据的安全，防止信息泄露和网络攻击。

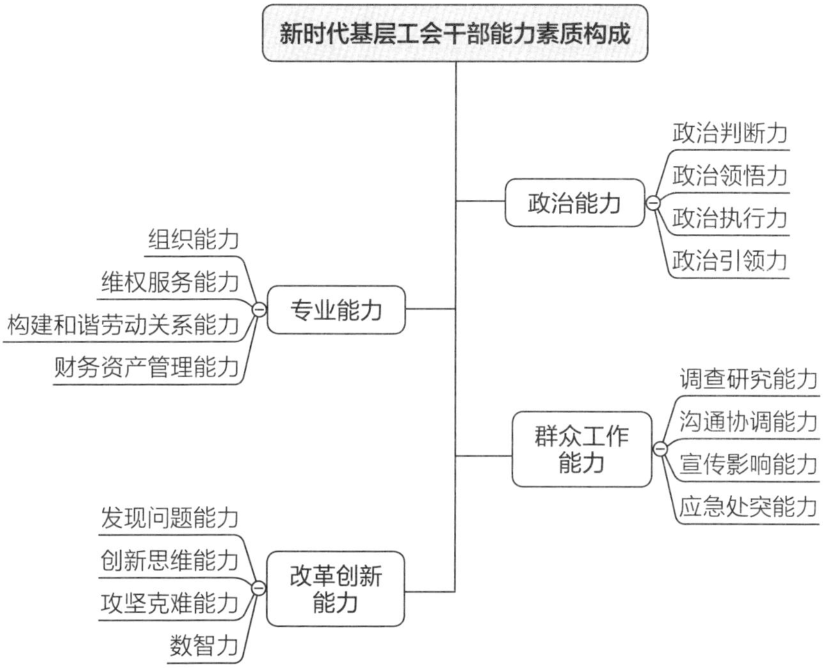

三、新时代基层工会干部能力素质养成

习近平总书记指出：“好干部不会自然而然产生。成长为一个好干部，一靠自身努力，二靠组织培养。”自身努力与组织培养是好干部成长的两种重要因素。自身努力属于重要内部因素。组织培养使内部动机外化，是干部成长不可或缺的外部因素。

（一）自身努力，内修外炼

重视学习、善于学习是中国共产党的优良传统和政治优势，是党始终走在时代前列的重要保证。勤学善学，是党员干部成才成长的阶梯、干事创业的途径。习近平总书记强调：“要坚持学而信、学而思、学而行的理念，把学习成果转化为不可撼动的理想信念，转化为正确的世界观、人生观、价值观，用理想之光照亮奋斗之路，用信仰之力开创美好未来。”作为党员干部，首先要加强理论学习，要弘扬理论联系实际的优良学风，深入学习马克思主义基本原理、党章、党的二十大系列读本和各类理论学习资料，不断学习如何提升个人素质和道德修养。同时要运用批评和自我批评这一法宝，自查、自省、自警、自励，在干事创业中加深学习。其次要提升专业化知识与综合素质水平。面对当今信息日新月异、知识加速传播的发展形势，要好学善学、学以致用，把所学所悟落实在工作、生活中的所有阶段，实现工作、学习两方面相互转化的目标，把专业知识、专业能力、专业精神统筹起来，完善完成本职工作的能力，成为所在工作领域的专家。

（二）组织培养，理论实践并重

组织培养是干部成长的关键。只有在组织的教育、培养下，才能综合提高领导干部的素质水平，从而组建有高素质、高治理能力的干部群体，促使党的执政能力进一步提升。党的十八大以来，习近平总书记高度重视建设堪当民族复兴重任的高素质干部队伍，强调干部教育培训是建设高素质干部队伍的先导性、基础性、战略性工程，为加强新时代党的干部队伍建设指明了方向和路径。习近平总书记强调，“好干部是选拔出来的，也是培育和管理出来的”，“要增强干部素质培养的系统性、持续性、针对性，优化干部成长路径，积极创造条件、搭建平台，不能预设晋升路线图，把理想信念教育、知识结构改善、能力素质提升贯穿干部成长全过程”。一是重视理论武装。将习近平新时代中国特色社会主义思想作为干部教育培训的首要内容、中心内容和一贯内容，贯穿到学习贯彻习近平新时代中国特色社会主义思想主题教育之中、党委（党组）理论学习中心组学习之中，以及干部学习的全领域和全过程，实现凝心聚魂。二是加强政治训练。把握政治训练的重点内容，把党性教育贯穿干部教育培训全过程，不断提升干部的政治素养、强化干部的正确认知、锤炼干部的道德品行。三是提升履职能力。以干部能履职、履好职、持续高效履职为目标，围绕党的中心任务做好重点工作的专项培训、围绕时代发展和工作需要做好与岗位职责相匹配的通识教育培训、围绕未来发展需求开拓新知识和新技能培训，构建干部有效履职的高质量教育培训内容体系。四是健全培训体系。推动干部教育培训全面数字化转型，加强培训阵地建设，建设专职干部教育高水平师资队伍，建设一批干部教育好课程、好教材、好案例，推进干部教育理论研究与教学研究，促进干部教育高质量发展。

（三）改善人才培育方式，营造有利成长环境

好干部是组织关心出来的，也是在实践中锻炼出来的。2018 年 7 月，习近平总书记在全国组织工作会议上强调："培养选拔优秀年轻干部要放眼各条战线、各个领域、各个行业，注意培养有专业背景的复合型领导干部。对有潜力的优秀年轻干部，还要让他们经受吃劲岗位、重要岗位的磨炼，把重担压到他们身上。对有培养前途的优秀年轻干部要不拘一格大胆使用。"组织部门需要在年轻干部的培养方式上创新工作方法，彻底消除阻碍年轻干部成长的不良运作体制，提高干部干事创业的积极性，塑造促进干部未来发展成长的条件。对干部培养，要设置提升干部知识水平的专业化培训项目，解决干部在工作中遇到的专业知识问题和管理方面的问题，促使干部队伍逐渐向知识化和专业化方面转变，提升综合管理能力，从而正确应对新时代发展所遇到的各种状况。此外，可以借助挂职、借调和互派锻炼等方法，通过基层锻炼，让年轻干部在开阔眼界、增强实干能力的同时加强意志锻炼，使工作作风、经验、知识水平、管理水平都得到优化。

本章结语

党的十八大以来，习近平总书记提出新时代好干部标准，对提升干部能力素质提出一系列新要求，为广大干部指明了新时代新征程上能力建设的时代内涵和实践指向。回顾中国工会在中国共产党领导下的百年发展历程，在不同的历史时期，都根据党面临的形势任务对工会干部能力素质提出各有侧重的要求。迈向新征程，党的中心任务就是中国工运事业和工会工作的主题和方向，推进党的工运事业永续向前、实现工会工作高质量发展，就要构建以“政治能力、专业能力、群众工作能力、改革创新能力”为主的能力素质体系，并以此为导向，加大培训和养成力度，为强国建设、民族复兴提供了坚实人才保障和素质支撑。

第2章

新时代基层工会干部应具备的政治能力

旗帜鲜明讲政治、不断提高政治能力是马克思主义政党的本质属性和突出优势。党的十八大以来，习近平总书记就提高党员干部的政治能力发表了一系列重要讲话，深刻阐明了什么是政治能力、为什么要提高政治能力、怎样提高政治能力等重大问题。从2015年12月中央政治局专题民主生活会提出“政治能力”概念，到十九届中央政治局第六次集体学习时指出，政治能力是“把握方向、把握大势、把握全局的能力，辨别政治是非、保持政治定力、驾驭政治局面、防范政治风险的能力”，再到党的二十大报告强调提高党员干部政治判断力、政治领悟力、政治执行力，习近平总书记对提高政治能力进行了一系列深刻阐述，为新时代党员干部提高政治能力指明了方向和路径。

政治能力内涵丰富。对于基层工会干部而言，政治能力包括政治判断力、政治领悟力、政治执行力、政治引领力等四个方面。基层工会干部只有对敏感因素、苗头性倾向性问题，做到眼睛亮、见事早、行动快，才能及时消除政治隐患。只有善于分析政治因素、政治意义、政治后果，善于识别政治陷阱、政治隐患、政治风险，时刻保持清醒的政治头脑和敏锐的政治眼光，才能有效应对风险挑战，维护劳动领域政治安全。

第一节　政治判断力

情境导入

情境一：敏感议题怎么办——如何坚定立场

某企业中出现了关于某些敏感议题的讨论，这些议题直接影响企业的运营方向、员工的思想动态以及企业与政府的关系。作为企业与职工之间的桥梁，工会干部在此类议题上应当展现出清晰而坚定的政治判断力，引导员工正确理解并响应国家的政策导向。然而，面对员工的疑问和担忧，该企业工会干部未能及时、准确地传达国家的相关政策精神，反而采取了回避或含糊其词的策略。这种行为引起了职工的困惑和不满，进而影响了企业的内部稳定和员工的凝聚力。

情境二：活动主题怎么定——思想引领作用如何发挥

工会作为党联系职工群众的桥梁纽带，经常需要组织各种工会活动来增强职工的凝聚力和向心力。然而，在活动的策划和组织过程中，工会干部往往面临各种挑战和困难。例如，如何确定活动主题和内容，如何吸引更多职工参与，如何确保活动安全、顺利进行等。工会干部如何从纷繁复杂的局势中把握职工的需求和期望？如何将党的理论、政策同具体业务结合起来，开展卓有成效的活动？

情境三：出现矛盾如何调——如何应对劳动关系中的不和谐

在构建和谐劳动关系过程中，难免遇到各种各样的纠纷和矛盾，这些纠纷和矛盾如果得不到及时有效的处理，可能会对企业的发展和职工的权益造成严重负面影响。此时，工会干部需要协助双方化解矛盾、达成共识。工会干部能否准确识别矛盾可能会直接影响调解的成败。如何科学把握纠纷的本质和原因，精准识别双方的利益诉求和矛盾焦点？基层工会干部如何运用自己的政治智慧和政治敏锐性，寻求公正合理的解决方案？

工会干部怎样做才能把握住问题的方向？在履职尽责的过程中，首先应增强自身的什么能力？如何把维权服务同强化自身政治判断能力结合起来？只有首先解决好这些问题，才能更有效地做出选择进行决策。

能力构成

政治判断力强调的是辨正误、明是非、识真伪、分善恶、知美丑的能力。政治判断力指站在政治高度，科学把握形势变化，精准识别现象本质，清醒明辨行为是非，正确处理各种矛盾和问题，有效抵御风险挑战的能力。政治判断力着重强调工会干部有效洞察、鉴别和预见政治问题，要求工会干部具有一定的政治智慧和政治敏锐性，善于从纷繁复杂的局势中把握政治大局。基层工会干部的政治判断力可以具体分为政治事实判断力、政治价值判断力和政治规范判断力。提升基层工会干部政治能力要时刻防范上述能力不足所产生的风险与挑战。基层工会干部在工作中应注意以下方面：

一是切忌主观臆断，不讲事实自行判断。政治事实判断力是政治判断力的认知向度，指的是在实践的基础上获得对事物的表象和本质的认知，包括反映事物表面现象的感性判断以及反映事物内部矛盾与本质规律的理性判断。工会干部的政治事实判断呈现动态变化的特征，会随着认识的发展而发展。增强政治事实判断能力，要求基层工会干部勤于观察思考、扎实调查研究，掌握更全面、真实的政治现象，切忌不讲事实自行判断。在此基础上，运用联系、转化、推演等科学思维方式，从具体业务中发现政治问题，通过洞悉事物的本质及其规律，科学把握工作走势，充分估计可能遇到的困难风险。

二是谨防核心缺失，不讲维护直接判断。政治价值判断力是政治判断力的价值向度，指的是工会干部对政治现象的效用进行评价，即判断政治价值。政治价值判断具有鲜明的主体性特征。“两个维护”是党的十八大以来全党在革命性锻造中形成的共同意志，是党的最高政治原则和根本政治规矩。在衡量政治现象的价值时，要以“两个维护”为首要条件，坚持以人民为中心，坚持和发展中国特色社会主义。基层工会干部要牢记“两个维护”对开展工作的重要意义，避免自身政治素养、智力水平、能力水平以及道德水平不同，导致各自政治评价标准出现显著差距。

三是避免没有方案，不讲规范擅自判断。政治规范判断力是政治判断力的实践向度，指的是工会干部面临不确定性时作出的判断，旨在通过行动方案的施行，使不确定情境得以完善。政治现象的不确定性使政治规范判断具有确立不同行动方案的可能性空间。由此，政治规范判断具有正确性和错误性的区别。如果按照政治规范判断的指示行动，能够在实践中实现预期政治目标，则该规范判断为正确，反之则为错误。基层工会干部在面临不确定情境时，不应没有预案擅自进行判断。这意味着，工会干部要重视政治事实判断和政治价值判断的科学性，制定正确的预判性行动方案，有效抵御潜隐的、复杂的政治风险挑战。

培养路径

深刻认识政治性是工会组织的灵魂，是第一位的。群团组织要始终把自己置于党的领导之下，在思想上政治上行动上始终同党中央保持高度一致。2015 年 4 月 28 日，习近平总书记在庆祝“五一”国际劳动节暨表彰全国劳动模范和先进工作者大会上讲话指出，劳动关系是最基本的社会关系之一，要最大限度增加和谐因素，最大限度减少不和谐因素，构建和发展和谐劳动关系，促进社会和谐。基层工会干部在日常工作中要有精准识别潜在政治风险的能力，善于从苗头性、倾向性问题中发现政治端倪，引导职工群众依法、理性、有序表达利益诉求；正确认识和对待改革发展过程中利益关系和利益格局的调整，正确处理个人利益和集体利益、局部利益和全局利益、眼前利益和长远利益的关系；树立法治观念，增强法律意识，自觉维护社会和谐稳定。这样才能更好地履行引导职工群众坚定不移听党话、跟党走的政治责任，不断巩固党长期执政的阶级基础和群众基础。

一、锤炼理论修养，增强政治敏锐性

理论修养是干部综合素质的核心。习近平总书记强调，党员干部一定要加强理论学习，“理论修养是领导干部综合素质的核心，理论上的成熟是政治上成熟的基础，政治上的坚定源于理论上的清醒”。“从一定意义上说，掌握马克思主义理论的深度，决定着政治敏感的程度、思维视野的广度、思想境界的高度。”基层工会干部要忠实履行职责，发挥好党联系职工群众的桥梁纽带作用，必须具备高度的政治敏锐性和判断力。首要之务是深化理论学习，特别是加强对习近平新时代中国特色社

会主义思想的学习，重点要深入学习领会习近平总书记关于工人阶级和工会工作的重要论述。通过学习筑牢基层工会干部的政治根基，深刻理解党的路线方针政策，把握时代脉搏，从而在复杂多变的形势中保持清醒的政治头脑。此外，基层工会干部在加强政治理论学习的基础上，还需要时刻关注国内外时事动态，特别是与职工群众切身利益相关的政策变化和社会热点。通过及时了解和分析这些信息，基层工会干部要敏锐地察觉潜在的政治风险和社会矛盾，从而提前做好准备，有效应对。同时，这种对时事的关注也有助于工会干部在工作中更好地把握大局，服务职工。

二、坚持原则立场，坚定政治方向

做好新时代工会工作，必须牢牢把握中华民族伟大复兴的战略全局和世界百年未有之大变局，自觉做到在大局下思考、在大局下行动。基层工会干部提高政治判断力，就是要深刻认识政治性是工会组织的灵魂、是第一位的，准确把握复杂形势对职工队伍的影响和对工会工作的挑战，做到头脑特别清醒、眼睛特别明亮，始终保持政治立场不移、政治方向不偏。基层工会干部要做到坚守人民立场，维护职工利益，时刻把职工群众的利益放在首位，想问题、办事情都要从职工的角度出发，确保自己的决策和行动能够真正惠及广大职工。此外，在当今世界百年未有之大变局时代，政治环境复杂多变以及互联网时代舆论多元的情况下，基层工会干部必须明确自己的政治方向和原则立场，始终保持清醒的政治头脑和坚定的政治定力。这要求基层工会干部要时刻同党中央保持高度一致，坚决贯彻执行党的路线方针政策，强化意识形态安全意识，及时发现网络上的意识形态“杂音”，注意识别和评估可能对职工特别是青年职工产生的不良影响，提前“打预防针”，或采取必要的干预措施，防止错误有害言论侵蚀职工的思想。必要时要及时向党委汇报，会同相关职能部门妥善处置。只有这样，才能在风云变幻的政治局势中始终保持正确的政治方向。提高政治判断力，首先应做到眼睛亮、见事早、行动快，对当前国内外形势进行政治观察、政治判断、政治鉴别，从现象看本质、从苗头倾向看发展走向，特别是及早识别、防范、化解诸如“蝴蝶效应”、“黑天鹅”事件、“灰犀牛”事件等的冲击，防止非公共性风险扩大为公共性风险、非政治性风险蔓延为政治风险。

三、注重联系实际，提升政治智慧

群众路线是党的“三大法宝”之一，面向基层、面向群众是一切工作的出发点和落脚点。基层工会干部要充分发挥联系服务职工群众的优势，深入基层调研，掌握职工真实情况，及时了解党组织和工会重大部署贯彻落实情况，了解职工所思所想所盼，不断增强服务职工本领，真心实意为职工说话办事。要坚持以职工为中心的工作导向，认真履行维权服务基本职责，推动解决职工群众关心的劳动就业、技能培训、收入分配、社会保障、安全卫生等问题，努力实现好、维护好、发展好职工群众根本利益。通过亲身接触和观察，获取第一手资料，更加准确地判断形势和任务，从而制定出更加符合实际、更加有效的政策措施。不仅如此，基层工会干部还应该积累工作经验，增强应变能力。工作经验是政治智慧的重要组成部分。工会干部需要在长期的工作中不断积累和总结经验，特别是面对突发事件和复杂问题时，要勇于担当、善于应对。通过实践锻炼，逐渐提升自己在政治上的应变能力和智慧，更好地履行维权服务职能。

思考提升

请对以下问题进行客观的自我评价：

1. 能准确理解和把握党的路线方针政策，特别是在涉及职工权益、劳动关系调整等关键领域，能够做到准确判断。

2. 面对复杂多变的国内外经济形势和社会环境，能够敏锐地洞察形势变化，预判可能的风险与挑战，并提前制定符合政治要求和职工需要的应对策略。

3. 在日常工作中，能迅速识别出影响职工队伍稳定、劳动关系和谐的问题，准确判断问题的性质、严重程度及潜在影响。

4. 在制定工作计划和决策事项时，能够确保决策既符合党的政策要求，又符合职工群众的根本利益。

延伸阅读

浙江舟山市总工会以防范代维权
运用监督职能化解企业搬迁中的用工风险

舟山市总工会立足风险防范、强化监督职能。一是建立覆盖全市各乡（镇、街道）的劳动关系信息员队伍，在 600 余家企业建立预警信息直报点；二是建立“上代下”职工维权机制，并依据具体情形适时启动；三是建立司法行政、人社、法院、公安等部门共同参与的“劳动争议多方联动多元化解工作机制”，形成跨部门调处劳动争议的工作闭环。

在舟山某洁具公司拟迁出整条生产线并与全体职工解除劳动合

同期间，岱山县总工会及时获取第一手信息，舟山市总工会提前介入，工会监督小组及时进驻该公司，全程参与监督赔偿、再就业培训等方案的制定，相关部门和当地政府紧密配合，保证了调处工作的顺利开展。这些举措，使经济赔偿和再就业培训方案得到职工的广泛认可，也使企业搬迁稳定有序，更使职工对工会的认同感更加强烈。

山东莱西市“工会＋检察院”联动　实现维权维稳双提升

莱西市总工会坚持凝聚合力、依法维权、治标治本，与检察院共同处置劳动争议纠纷，实现劳动者权益维护和社会稳定双赢局面。

一是深化部门联动，实现双向赋能。建立工会与检察院联席会议制度，推动双方沟通联络、信息共享、线索移送、共同研判、办案协作，协同推动劳动者合法权益维护。共同推行“一函两书”制度落实，加强事前监督和风险提示，促进劳动争议纠纷化解在萌芽状态。

二是及时调查保全，有效配合联动。针对取证难的劳动争议纠纷，工会在接到案源后，摸清具体情况，提供法律援助，并及时向检察院移送案件线索，由检察院委派人员快速调查取证，对后期可能灭失或者难以取得的证据及时进行合法保全，为工会开展法律援助提供有效支持。

三是就地解决矛盾，维护社会稳定。常态化开展职工队伍稳定专项排查，及时准确掌握劳动关系风险隐患，将劳动争议纠纷化解在早、处理在小。在人社、信访等单位大厅设立职工法律服务窗口，第一时间了解掌握具体情况，对需要检察机关介入的案件，立刻启动工作机制，协同处置。通过“工会法律援助＋检察支持起诉”模式，为 23 名农民工追回拖欠工资 182 万元。

武钢集团健全“五大机制”，以践行民主引领企业发展

推进基层民主建设是新时代最重要的政治任务之一。推进全过程人民民主，离不开各方协同合作。准确判断民主发展大势并积极迎合这一趋势，才能进一步推进民主事业的前进发展。武钢集团工会积极践行全过程人民民主，自觉担负起统一职工思想、履行民主程序、维护企业和职工发展的使命责任，不断健全目标责任机制、立体宣传机制、民主沟通机制、维权服务机制、兴趣导入机制等“五大机制”，将全过程人民民主工作外化于行、落实于地，让“听党话、跟党走”成为职工的行动自觉，维护了职工合法权益，有效保障了企业改革的稳定进行，助推了企业转型后的高质量发展。在近年来先后经历的专业化整合融合、“三供一业”社会化移交、集体企业改革、退休人员社会化等一系列重大变革中，职工的思想困惑、职业转型、利益诉求都得到了有效回应。武钢集团面对错综复杂的利益矛盾和职工思想状况，始终坚持民主协商之路，贴心维护职工合法权益，将矛盾化解于无形，将职工思想凝聚在企业改革和转型发展的大局下，架起了党委行政与职工的“连心桥”。

第二节 政治领悟力

情境导入

情境一：如何精准识别并掌握政策变化

近年来，随着国家劳动法律法规不断完善，一系列旨在保障职工权益的新政策相继出台。然而，这些政策的落地实施并非一帆风顺，尤其是在一些传统行业和中小型企业中，由于种种原因，政策的执行往往存在滞后或不到位的情况。在面对政策变动时，工会干部如何准确理解和把握政策精神，确保职工权益不受损害？当企业因经营困难等原因无法立即执行新政策时，工会干部如何运用其政治领悟力，平衡职工权益与企业利益，推动政策的逐步落地？

情境二：企业转型过程中如何助力职工安置

随着市场经济的深入发展和产业结构的不断调整，许多企业开始面临转型升级的压力。在这一过程中，职工的岗位变动、技能提升以及再就业等问题成为亟待解决的难题。基层工会干部如何准确判断职工安置问题的紧迫性和复杂性？如何制定切实可行的职工安置方案，既保障职工的合法权益，又支持企业的转型升级？如何通过沟通协调、技能培训等方式，帮助职工顺利度过转型期，实现再就业或岗位提升？

情境三：怎样理解并推动构建和谐劳动关系

当今社会，构建和谐劳动关系已经成为企业可持续发展的重要基石。这一目标的实现需要企业、职工以及社会各方的共同努力。然而，在实际工作中，如何找准切入点、如何平衡各方利益、推动企业文化落地生根等问题考验着基层工会干部的政治领悟力。如何通过企业文化建设，增强职工的归属感和认同感，进而促进劳动关系的和谐稳定？如何在日常工作中，将构建和谐劳动关系与企业文化建设相结合，形成相互促进、共同发展的良好局面？

基层工会干部需要准确理解和把握党的方针政策、职工需求及企业发展趋势，将这些理解转化为实际行动，为职工谋福利、为企业促发展。

能力构成

政治领悟力强调的是知深悟透、融会贯通、把握本质的本事。政治领悟力是用政治思维观察和理解现实问题，并用于指导实践、推动工作的能力。政治领悟力强调的是工会干部对现实政治问题的精准理解力，能够抓住党中央方针政策、决策部署的精髓；是在复杂多变的社会经济环境中，准确理解和把握党的方针政策、职工需求以及企业发展趋势的关键能力。这种能力不仅要求基层工会干部具备政治敏锐性和洞察力，还需要将这些理解转化为实际行动。基层工会干部政治领悟力又包括政治学习能力、理性思考能力和思想转化能力。缺乏政治领悟力会导致不能及时做到因时而变、因势而变、因事而变，进而不利于工作的开展。基层工会干部在工作中要注意以下内容：

第一，切忌政治学习表面化、虚浮化。政治学习能力是政治领悟力的“源头”。基层工会干部不学习、不善于学习，政治领悟力就成了无源之水、无本之木。只有乐于学习、善于学习，才能够不断更新自己，提升个人能力。基层工会干部政治学习，一是要学经典，把马克思主义理论作为重要学习内容，这是做好一切工作的看家本领，也是必须普遍掌握的看家本领。二是要学前沿，要把学懂弄通做实习近平新时代中国特色社会主义思想作为理论学习首要任务，深入领会这一思想的时代背景、科学体系、精神实质、实践要求和重大政治意义、理论意义、实践意义，不断提高理论水平。

第二，避免政治思考不深入、不系统。理性思考能力是政治领悟力的“根基”。只有经过思考，学到的理论知识才能消化吸收，转化为自己的政治领悟力。习近平总书记指出：“在学习过程中，要结合自己的工作实际，脑子里经常装几个问题，反复思考。这对于培养和提高自己的理论思维和战略思维能力很有好处。”在学习的过程中，要带着问题去思考，在思考中寻找解决问题的方法，巩固学习的效果，提升领悟力。一是要善于观大势，从全局上洞察事物的整体面貌和发展趋势。只有观大势，思考才会有大格局，为提升政治领悟力提供更加宽广的视野。二是善于察细微，从对细节或苗头性、倾向性事态的观察中，把握事物发展的方向和趋势，从而做出正确的判断，争取工作的主动。三是要善于做总结，对思考进行提炼和升华。基层工会干部要善于对思想和工作情况进行总结，这样对提升自身政治领悟力具有很大作用。

第三，防止不会转化，思想固化，不懂变通。转化能力是提升政治领悟力的关键一环，也是政治领悟力到政治执行力的连接中枢。努力学习和掌握马克思主义立场、观点、方法，才能全面、正确地理解和领悟党的基本理论、基本路线、基本方略和各项方针政策，才能不断改进工作作风和工作方法，增强工作的原则性、系统性、预见性、创造性，坚定不移地贯彻落实党中央决策部署。基层工会干部要始终关心职工群众的切身利益，坚持全心全意依靠工人阶级的根本方针，不断提升自身维权服务的本领。

培养路径

政治领悟力既决定工会干部看问题、察形势、想事情的高度、深度和广度，又影响工会干部的思想境界、视野胸襟和前途命运。工会干部要深入思考什么是党和国家最重要的利益、什么是最需要坚定维护的立场，自觉用习近平新时代中国特色社会主义思想凝心铸魂，深入学习习近平总书记关于工人阶级和工会工作的重要论述，自觉站在党和国家的战略全局、政治大局上想问题、办事情。

一、深入学习思考，滋养政治灵魂

工会干部提高政治领悟力，首先要在深入学习思考上下功夫。深入学习党的创新理论，把学习贯彻习近平新时代中国特色社会主义思想作为重大政治任务，在学懂弄通做实上走在前头、当好表率，不断增强政治素养、理论素养。特别是深入学习习近平总书记关于工人阶级和工会工作的重要论述，通过系统学习党的路线方针政策、工会工作的基本理论和实践经验，不断滋养自己的政治灵魂。提高政治站位，善于从政治上领会党中央重大决策部署和习近平总书记重要指示批示精神，完整准确领会其政治内涵、政治要求，深刻领会贯穿其中的科学的世界观和方法论，做到融会贯通、知行合一。为增强学习效果，可以结合实际开展必要的集中活动加以推动。例如，山西省总工会聚焦深入学习贯彻习近平新时代中国特色社会主义思想，贯彻落实习近平总书记关于工人阶级和工会工作的重要论述，举办“创建学习型机关 争做学习型干部”

主题活动，切实加强工会年轻干部能力建设，营造干事创业的良好氛围。本次活动专门设计了应知应会知识竞赛、主题演讲、现场答题等环节，吸引了省总机关、驻会产业工会、直属事业单位等不同岗位的干部职工踊跃参与。在内容上重点突出《习近平关于工人阶级和工会工作论述摘编》《中国共产党纪律处分条例》等，促进工会干部进一步提高思想认识，增强政治自觉，强化使命担当。同时将《工会法》、《工会章程》、中国工会十八大工作报告等纳入学习内容，使工会干部在参与活动的同时，不断提高业务能力。参赛者还在演讲比赛中，结合工会工作实际，立足自身岗位，围绕弘扬“三个精神”、百年工运传承等内容，通过讲劳模故事、劳动故事、工匠故事、职工故事，畅谈感想感悟，抒发爱党爱岗热情，用生动的事例和感人的故事深刻阐述忠诚党的事业、竭诚服务职工的职责使命，激发了大家的学习热情和工作活力，营造了以学促干的良好氛围。

二、潜心研究政策，培养政治敏锐度

党的十八大以来，以习近平同志为核心的党中央高度重视群团组织和群团工作，高度重视产业工人队伍建设改革。2015 年 7 月 6 日，习近平总书记在党的群团工作会议上发表重要讲话，提出“增三性”的系列要求。2017 年 2 月 6 日，中共中央、国务院印发《新时期产业工人队伍建设改革方案》，提出造就一支有理想守信念、懂技术会创新、敢担当讲奉献的宏大的产业工人队伍的总目标。2024 年 10 月 12 日，中共中央、国务院印发《关于深化产业工人队伍建设改革的意见》，明确提出通过深化产业工人队伍建设改革，思想政治引领更加扎实，产业工人听党话跟党走的信念更加坚定，干事创业的激情动力更加高涨，主人翁地位更加显著，成就感获得感幸福感进一步增强；劳动光荣、技能宝贵、创造伟大的社会氛围更加浓厚；产业工人综合素质明显提升，大国工匠、高技能人才不断涌现，知识型技能型创新型产业工人队伍不断壮大。作为基层工会干部，必须站在讲政治的高度，深刻领会党和国家出台这一系列重大政策的重要意义，心怀“国之大者”，自觉同以习近平同志为核心的党中央对标、看齐，更加积极主动地发挥好工会组织的桥梁纽带作用。

此外，在纷繁复杂的政治环境中，基层工会干部需要具备明理求真的精神。这要求基层工会干部在面对各种问题和挑战时，能够保持清醒的头脑和敏锐的洞察力，准确理解党的理论和政策，明确工作方向和重点。要学会从全局和长远的角度去思考和谋划问题，确保工会工作的正确方向。同时，要注重对工会工作实际情况的深入了解和分析，通过掌握真实情况来洞察工会工作的形势和任务，为制定科学合理的政策措施提供依据。

三、坚持自我革新，锻造政治担当

自我革新是提升政治领悟力的内在动力。基层工会干部要时刻保持清醒的头脑和进取的精神，勇于正视自己的不足和缺点，积极寻求改进和提高的途径。要注重加强自身的思想政治建设、能力建设和作风建设，不断提高自己的政治觉悟、业务能力和工作水平。同时，要学会从实践中汲取智慧和力量，不断总结经验教训，将自我革新转化为推动工会事业发展的强大动力。通过自我革新，基层工会干部能够不断提升自己的政治能力和领导水平。群众路线是党的根本工作路线，也是工会工作的生命线。工会干部要始终坚持全心全意依靠工人阶级这一根本方针，把职工群众的利益放在第一位，做到心中有民、服务为民。要深入基层、深入群众，了解职工所思所想、所盼所求，为他们排忧解难、办实事办好事。同时，要注重发挥职工群众的积极性和创造性，引导他们参与到工会工作的各项活动中来，共同推动工会事业的发展。

思考提升

请对以下问题进行客观的自我评价：

1. 能深刻理解党的理论、路线、方针、政策，把握其核心要义和精神实质，并有效运用到工会工作中。

2. 面对外在环境和工会工作的新情况、新问题时，能从政治高度进行思考，准确领悟其政治含义和要求。

3. 能敏锐感知职工队伍的思想动态和利益诉求，从中领悟政治工作的方向和重点，及时调整工作策略。

4. 在参与工会决策和制订工作计划时，能充分考虑政治因素，确保决策和计划符合党的政治要求和职工群众的根本利益。

5. 能通过不断学习来提升自己的政治素养和理论水平，服务职工群众和工会事业的发展。

延伸阅读

浦东新区总工会“创‘新’引领　厚‘质’未来”
创新学习贯彻党的二十届三中全会精神

为深入学习贯彻党的二十届三中全会精神，浦东新区总工会结合区域特点，策划举办了“创‘新’引领　厚‘质’未来”浦东青年职工理论学习分享会，创新学习宣传贯彻全会精神。

一是创新学习模式，激发青年活力。本次活动紧扣党的二十届三中全会精神，将高质量发展作为核心主题，沿着习近平总书记四次考察浦东的足迹，深刻解读总书记对浦东寄予的厚望与期待。分享会上，青年职工们以讲解者、诵读者、践行者的多重身份，围绕四大主题篇章，采用“原文诵读 +”的创新模式，深度融合理论阐释与青年职工奋斗故事，使党的二十届三中全会精神生动可感。活动覆盖近 5 万名青年职工，线上线下互动热烈，实现了广泛覆盖与深度渗透。

二是塑造品牌栏目，弘扬“三个精神”。为持续做好青年职工思想引领，活动中推出《劳模工匠说》直播访谈栏目，多维度展现浦东劳模工匠风采，传递“劳动最崇高、劳动最伟大”的价值理念。栏目依托人民网上海频道《浦东青年职工理论学习专栏》及浦东融媒等平台广泛传播，预计年受众可达 30 万~40 万人次。

三是线上线下融合，构建学习新生态。以分享会为引领，构建全方位、立体化的学习教育体系。线上，利用新媒体矩阵推送学习资料、视频课程，满足个性化学习需求；线下，组织专题讲座、研讨会、技能竞赛等，强化实践体验与参与感。截至 2024 年底，各基层工会已举办学习教育活动逾百场，惠及职工 10 万余人次，形成线上线下联动的良好学习生态，有效促进了党的二十届三中全会精神的传播与内化，为浦东高质量发展注入了强劲活力。

中车株洲电力机车有限公司推行能力等级评价机制
推动实现技高者多得

产业工人是工人阶级的主体力量，是创造社会财富的中坚力量，是实施创新驱动发展战略、加快建设制造强国的骨干力量。中车株洲电力机车有限公司着力深化产业工人队伍建设改革，创新落实“新八级工”职业技能等级制度，不断畅通产业工人成长成才通道，充分发挥了企业主体作用，展现了建设一流产业技术工人队伍的生动实践。

公司针对技术工人技能优势发挥不够、传统薪酬分配难以体现技能价值等矛盾问题，探索建立技术工人能力等级评价机制，科学设定技术工人能力等级和与之匹配的岗位类别，建立了一套完整的技能导向的薪酬分配制度。

一是明确技术工人能力评价标准。根据“新八级工”职业技能等级评定要求，从工具使用能力、设备使用能力、综合能力、工艺质量和安全生产五个维度，对技术工人岗位工作能力划定A、B、C、D四个等级，激励职工通过提升技能从低等级向高等级迈进。

二是发挥能力等级评价激励作用。将职工能力等级与薪酬待遇挂钩，近三年技术工人薪酬年均增加1500元，涨幅为3%。同时注重推优入党、行政提级、创先争优等多元化激励，引导技术工人主动提升技能水平，助推企业科技创新和技术攻关。

通过实施能级评价，极大激发了技术工人立足岗位提升技能、创造价值的积极性和主动性，共完成技术攻关625项，创新成果644项。其中，公司试点单位车体事业部培育双师型技能人才20人、高级技师104人，2人获“全国技术能手”称号。

上海世纪出版集团工会以“原文诵读+实践感悟”模式深化青年职工理论学习

上海世纪出版集团工会坚持以党的创新理论武装职工、武装青年，通过建机制、抓落实、促长效，深入开展青年职工理论学习，着力打造特色化、立体式的青年职工理论学习宣传矩阵。成立“世纪星火”青年职工读书会，推进14家直属单位成立青年职工理论学习组织，定期发布学习书单，举办“世纪新青年论坛”“世纪青年说”等系列活动，将理论学习落细落实，形成了一批青年职工理论学习品牌。并通过“世纪讲书人”职业技能大赛选拔一批优秀讲书人作为理论学习宣讲员，组建了世纪出版集团青年职工理论宣讲队。

在 2023 年举办的“坚持守正创新 打造传世精品”世纪出版集团青年职工理论学习分享会上，16 位宣讲队员以“原文诵读 + 实践感悟”模式，结合“世纪好书”阅读推广，把非遗精品现代化制作技艺搬上舞台，将诵学新思想与岗位实践、文化传承相结合，聚焦“青年职工学、青年职工做、青年职工讲、青年职工听”，持续引领职工学思想、强党性、重实践、建新功，活动受到广大青年职工的欢迎。

第三节　政治执行力

情境导入

情境一：同事配合度不高，工作执行有困难

当前，我国正处于产业转型升级的关键时期，对高素质产业工人的需求日益迫切。推动产业工人队伍建设改革的重要性不言而喻。这一改革涉及方方面面，包括职工技能提升、职业发展通道建设、劳动权益保障等多个方面。然而，在实际推动过程中，往往存在企业配合度不高、职工参与热情不足、资金和资源有限等多重挑战。在推动产业工人队伍建设改革的过程中，基层工会干部如何克服企业配合度不高的难题，争取更多的企业支持和资源投入？如何激发职工的参与热情，引导他们积极投身技能提升和职业发展，成为改革的主力军？在资金和资源有限的情况下，基层工会干部如何创新工作方式和手段，确保改革工作的有效推进？

情境二：安全生产责任重，工会第一时间须出动

某企业突发一起安全生产事故，导致多名职工受伤。基层工会干部第一时间赶到现场，发现职工情绪激动，维权诉求强烈。在这个关键时刻，工会必须挺身而出，维护职工的合法权益，同时也要协助企业妥善处理事故，恢复生产秩序。在应对突发事件时，工会干部如何迅速反应，准确判断事态发展，确保职工权益得到有效维护？如何与企业进行有效沟通协调，推动企业积极应对事故，承担应有的责任，同时避免事态进一步恶化？在职工情绪激动、维权诉求强烈的情况下，基层工会干部如何做好职工的情绪安抚和诉求引导工作，确保事态平稳过渡？

情境三：数智建设挑战多，技术优势如何转化

随着信息技术的快速发展，数智化转型已经成为各行各业不可阻挡的趋势。推进工会系统数智化转型是当前的“一把手”工程，这不仅可以提高工会工作的效率和质量，还可以更好地服务职工群众，满足他们的多元化需求。然而，在实际推进过程中，各种各样的技术难题、资金短缺、人才匮乏等挑战层出不穷。在推进工会系统数智化转型的过程中，工会干部如何克服技术难题，选择适合工会实际需求的数智化解决方案？如何筹集资金、培养人才，为数智化转型提供有力的支撑和保障？在数智化转型过程中，如何确保职工群众的参与度和满意度，让数智化转型真正惠及广大职工？

工会干部怎样才能更好地将党的方针政策、上级工会的指示精神以及职工群众的意愿转化为实际行动？在推动产业工人队伍建设改革、应对突发事件维护职工权益以及推进工会系统数智化转型时，应该如何进行组织动员、协调沟通并积极实践？这些都反映出工会干部政治执行力的重要性。

能力构成

政治执行力凸显的是有令必行、有禁必止、不搞变通、不打折扣的强度。政治执行力是指工会干部对政治要求的落实能力，也就是工会干部响应党中央号召，贯彻落实党的理论路线、方针政策，执行党中央决策部署的能力。政治执行力针对的是落实环节，强调贯彻落实党中央指示和决定要不走样、不跑偏。习近平总书记在十九届中央纪委五次全会上强调："全面从严治党首先要从政治上看，不断提高政治判断力、政治领悟力、政治执行力。"在这政治"三力"中，政治判断力、政治领悟力最终落脚在政治执行力上，并通过执行效果来检验。为此，基层工会干部要深刻领悟习近平总书记系列重要讲话精神，铸就强大的政治执行力，把党中央重大决策部署落实到位。政治执行力又包括战略执行力、政策执行力、制度执行力和改革执行力。上述能力的缺失或不足会导致政治执行力低下。工会干部在实践中应注意以下内容：

一是避免固守一亩三分地，战略执行力不强。战略执行力指的是把党和国家的战略转化为现实的能力。战略问题是一个政党、一个国家的根本性问题。我们党历来高度重视战略问题，党的十八大以来，以习近平同志为核心的党中央观大势谋全局，特别强调提高战略思维能力、保持战略定力，注重运用战略思维统筹推进党的建设等各项事业。若缺乏坚定而执着的意志，固守一亩三分地的思维定势，则很难把共同的战略目标任务转化为思想和行动自觉。

二是防止工作作风不扎实，政策执行力不强。政策执行力指的是将国家一定时期的目标和路线转化为行动的能力。政策和策略是党的生命。毛泽东曾指出："人们的实践，特别是革命政党和革命群众的实践，没有不同这种或那种政策相联系的。"基层工会干部如果不能做到扎实工作作风，则无法有效地把党中央出台的政策落实到位。

三是警惕责任落实不到位，制度执行力不强。制度执行力指的是将中国特色社会主义制度体系转化为治理效能的能力。制度是关系党和国家事业发展的根本性、全局性、稳定性、长期性问题。中国特色社会主义制度是党和人民在长期实践探索中形成的科学制度体系，国家治理一切工作和活动都依照中国特色社会主义制度展开，国家治理体系和治理能力是中国特色社会主义制度及其执行能力的集中体现。制度执行力弱表现为基层工会干部未能做到自觉尊崇制度、严格执行制度、坚决维护制度，没有将制度执行作为自己的职责所在。

四是谨防求变动力不足，改革执行力不强。改革执行力指的是工会干部积极参与工会改革与建设，进一步发挥桥梁纽带作用的能力。全面深化改革是关系党和国家事业发展全局的重大战略部署。深化工会改革和建设是全面深化改革的重要组成部分。基层工会干部改革执行力要体现在改革主动性上，进一步释放工会干部的活力，强化自身作为党联系职工群众的桥梁纽带作用。习近平总书记明确指出："既当改革促进派、又当改革实干家，以钉钉子精神抓好改革落实。"改革执行力弱意味着工会干部求变动力不足，对于发展变化的敏感程度较低。强大的政治执行力体现为改革执行力，要求工会干部保持着对改革的热忱，有力、有序、有效推进各项改革工作。

培养路径

一分部署九分落实。党的十八大以来，习近平总书记多次指出抓落实的重要性，强调抓落实是党的政治路线、思想路线、群众路线的根本要求，也是衡量领导干部党性和政绩观的重要标志；强调要坚持真抓实干、狠抓落实，一切工作都要往实里做、做出成效，不好高骛远、不脱离实际，力戒形式主义、官僚主义；强调要运用好已有的改革成果和重要经验，解放思想、实事求是、与时俱进、求真务实，充分调动各方面积极性，全力抓好改革任务的组织实施；强调对需要长期抓落实的项目和任务，要以抓铁有痕、踏石留印的劲头，坚持不懈抓下去。各级工会组织和工会干部必须把执行党的意志的坚定性和为职工服务的实效性统一起来，切实履行好引导职工群众坚定不移听党话、跟党走的政治责任；切实推动习近平总书记重要讲话、重要指示批示精神和党中央决策部署在工会系统不折不扣地落地见效；切实做到“党有号召、工会有行动”。

一、在贯彻落实中增强政治意识

增强政治执行力离不开政治理论的深度学习。基层工会干部可通过举办或参加工会干部政治理论培训班、党的方针政策轮训班等方式，增强政治理论素养。针对一些基层工会干部对党的方针政策，尤其对职工维权、劳动保护以及工会服务宗旨等方针政策思想认识模糊、领会要义肤浅等问题，坚持以大走访、大调研为抓手，着力开展相关方针政策宣传引导，有的放矢开展释疑解惑，着力将基层工会干部的思想认识引领到正确轨道上来。发挥“职工之家”APP、“工会大讲堂”、“学习强会”以及微信公众号等平台优势，有序组织基层工会干部和广大职工开展方针政策知识竞赛、有奖征文以及文创评选等丰富多彩的活动，不断增强工会干部对党的方针政策的领悟力与自觉性，进而实现提升政治执行力的目的。推动制定出台党建带工建、工建促党建长效机制，坚持科学整合资源优势，运用科学方法与执行举措，提高实现工会干部目标任务能力的改进与增强，并以此引导基层工会干部将党中央决策部署转化为工作成效，提高职工群众的认可度与满意度。

二、在履职实践中增强工作本领

坚持以练就学习型工会干部本领为抓手，不断加强基层工会干部政治素质锤炼与提高。利用干部传帮带、开展工作研讨与能力素质培训等方式，练就基层工会干部准确把握党中央决策部署的本领，时刻关注党中央在关心什么、强调什么、对工会工作寄予哪些希望等，确保工会干部工作开展不偏向、工作重心不偏离，始终与党中央决策部署保持高度一致；紧盯党赋予工会组织的工作职能，坚持以走村入企为抓手，深入了解企业与职工的急难愁盼问题，准确把握企业与职工想什么、盼什么、急什么，做到思路不乱、工作不断，在工作节奏上与党中央决策部署合力合拍；有序开展工作研讨“务虚会”、工作梳理“吹风会”与工作开展“推进会”，做到工作谋划有深度，工作计划有广度，工作进展有力度，在工作成效上与党中央决策部署融会贯通；着力以建立健全科学完备的工作机制为己任，严格按照党中央决策部署履职尽责，围绕党和国家工作大局，找准工会工作定位，按照《工会法》与《中国工会章程》等规定行使权力、开展工作，不做选择、不搞变通、不打折扣，严格按制度办事，做到旗帜鲜明、立场坚定、毫不含糊，确保工会工作有声有色顺利开展。进一步发挥互联网、大数据和人工智能方面的优势，通过“职工之家”APP、“学习强会”、全国工会干部教育培训网、视频会议以及微信公众号等方式，让线上资源转化为工会干部履职尽责的能力。

三、在联系群众中锤炼作风

毛泽东在党的七大开幕词《论联合政府》中指出：“全心全意为人民服务，一刻也不脱离群众；一切从人民利益出发，而不是从个人或小集团利益出发；向人民负责和向党的领导机关负责的一致性；这些就是我们的出发点。”他反复强调：“共产党就是要奋斗，就是要全心全意为人民服务，不要半心半意或者三分之二的心三分之二的意为人民服务。”工会是在党的领导下直接联系职工群众的重要群团组织，理应与职工群众心连心。基层工会干部提高执行力除了要有精准专业抓执行的本领之外，还必须有躬身、真诚、愿执行的态度和作风。各级工会干部要践行党的群众路线，深入调查研究，及时了解职工所思所想所盼，不断增强服务职工本领，真心实意为职工说话办事。坚持以职工为中心的工作导向，认真履行维权服务基本职责，推动解决职工群众关心的劳动就业、技能培训、收入分配、社会保障、安全卫生等问题，努力实现好、维护好、发展好职工群众根本利益，努力把各级工会组织建设成为名副其实的“职工之家”，使所有工会干部成为职工群众信赖的“娘家人”、贴心人。

思考提升

请对以下问题进行客观的自我评价：

1. 能够坚决执行党的路线方针政策和上级工会的决策部署，确保政治执行力不打折扣。

2. 面对困难和挑战，能够迎难而上，勇于直面问题，不断解决问题、破解难题，以坚定的理想信念推动工作落实。

3. 能够依纪依法依规办事，秉持纪律意识、法治理念、制度思维，确保工作合法合规、合情合理，自觉维护纪法权威，积极稳妥地推进工作落地落实。

4. 能够注重执行效果，及时反馈执行情况，确保政治任务高效、准确地完成，展现政治执行力的实效性。

延伸阅读

科大讯飞打造在线互动式职工诉求表达通道

用数字赋能工会工作，切实发挥党联系职工群众的桥梁纽带作用，是全国总工会和各级工会的“一把手工程”。加快实施工会数智化转型工作方案，建成直达基层一线、回应职工需求、业务系统集成的数智化工会工作体系，不仅有助于提升工会工作效能，更是维护广大职工权益，贯彻落实党中央决策部署重要路径。安徽合肥科大讯飞股份有限公司集团工会充分利用公司的技术和平台，积极推进创新数智化服务，“钻石社区”“高管面对面”作为自下而上倾听员工心声，构建简单真诚组织文化氛围的重要渠道应运而生。

“钻石社区”平台管理、运营角色分工明确，设立巡查通报与问题反馈跟进机制，社区管理员每日巡查，与相关部门密切沟通，24小时内回复问题帖，针对重要问题形成重点待办，协同相关部门开展调查，解决问题，并重新反馈说明以形成闭环。“高管面对面”活动会邀请2~5名高管，约60名员工现场参与交流，同时开放全员直播渠道。一年来，共计1万余名员工线上、线下参与，以“员工问，高管答”的形式，回应员工有关薪酬绩效、星火认知大模型、人工智能小镇、校招生培养与发展、任职资格等各类问题。活动不仅提高了职工满意度，也为集团持续发展提供了有力支持。

呼伦贝尔市总工会搭建“三大平台”为属地企业“产改”工作赋新能

内蒙古自治区呼伦贝尔市总工会积极搭建技能培训、创新创效、技能竞赛三大平台，为属地企业工会“产改”工作赋能助力。

一是搭建“全员化”技能培训平台。有效整合属地企业资源，建成了一批高质量电力、煤炭、供热、冶金等各行业职工技能实训室，发挥各级技术带头人、企业内训师等传帮带作用，不断提升广大职工技术技能水平。

二是搭建“多元化”创新创效平台。采取试点推行、召开现场推进会、开展成果评选表彰和推广、组织有关人员学习考察等措施，大力推进职工创新创效活动，在全市范围内掀起了创新创效工作新热潮，一大批劳模（职工）创新工作室脱颖而出。

三是搭建“全方位”高端竞赛平台。广泛开展劳动和技能竞赛，竞赛种类实现了各主要专业和岗位的全覆盖，组织开展了绿色发展、基本建设、电力营销、煤炭保供等劳动竞赛，并积极参加上级单位或部门举办的各类竞赛，为企业职工展现才艺、交流学习、取长补短提供平台。在呼伦贝尔市举办的2024年全国能源行业供热技能竞赛中，呼伦贝尔市4名参赛选手取得了热力检修工一等奖、二等奖，热力运行工一等奖、三等奖的优异成绩，有效引领提升了供热运行管理水平和服务保障能力。

北京市总工会深化“双沟通”破解建会入会难题

北京市总工会贯彻落实中国工会十八大精神，进一步深化完善以职工沟通会和企业沟通会为主要形式的“双沟通”工作机制，推动工会组建、发展会员，破解入会建会难题。

职工沟通会是指利用职工休息时间在职工密集区域“摆摊设点”，面对面宣传政策、推介服务，吸引零散就业人员、农民工、小微企业职工加入工会组织。职工沟通会分为三类，“市级沟通会”每半年举行一次，全市各街道乡镇总工会、园区楼宇工会在各自属地同步开展职工沟通会；区总工会设立“区级沟通日”，每月各区统一举办职工沟通会，明确主题，统一行动；各街乡总工会、园区工会、商务楼宇工会每周开展一次职工沟通会。企业沟通会则是工会干部们主动上门，向企业负责人宣传工会在促进企业发展、维护职工合法权益方面的作用；充分了解企业需求，为企业量身定制“服务包”；搭建企业间互通有无、扩大交流的平台，争取企业支持建会。

自2018年开展“双沟通”以来，截至2023年11月30日，全市共召开37885场职工沟通会，职工咨询人数84.43万人，现场申请入会职工21.35万人，实际采集会员144.4万人；召开企业沟通会21700场，共涉及2.59万家企业，依托沟通会已建立工会组织企业1.61万家。

第四节　政治引领力

情境导入

情境一：职工思想多样化与凝聚共识之间的张力

随着社会经济的快速发展和信息技术的普及，职工群众的思想观念、价值取向日益多元化。在企业中，不同年龄、不同教育背景、不同岗位的职工对工作的态度、对企业的认同感、对个人发展的追求都存在着显著的差异。在这种多元化的思想环境下，凝聚职工共识、推动企业和谐发展是一项极具挑战性的任务。在职工思想多元化的背景下，基层工会干部如何发挥思想政治引领力，引导职工树立正确的价值观和职业观？如何通过有效的沟通和交流，了解不同职工群体的需求和诉求，找到凝聚共识的切入点？在凝聚共识的过程中，如何平衡不同职工群体的利益，确保企业和谐稳定发展？

情境二：舆情快速传播时应如何发挥引领力

某企业因一起突发事件在网络上引发了广泛的关注和讨论。部分网民在不了解事实真相的情况下，对企业进行了不实的指责和攻击。这些网络舆情不仅影响了企业的形象，也导致部分职工产生了恐慌和不安的情绪。此时，必须迅速采取行动，引导职工正确看待网络舆情，维护企业的稳定和职工的权益。在应对网络舆情时，基层工会干部如何发挥思想政治引领力，引导职工保持理性、客观的态度？如何通过网络平台与职工进行有效沟通，及时传达企业的声音和立场，消除职工的疑虑和不安？如何教育职工提高网络素养，辨别网络信息的真伪，避免被不实言论所误导？

情境三：如何引导职工理解并认同企业文化

企业文化是企业精神风貌和核心价值观的体现，对于增强职工归属感、提升企业凝聚力具有重要作用。在推动企业文化建设的过程中，必须充分发挥思想政治引领力，引导职工认同并践行企业文化。然而在实际工作中，部分职工对企业文化缺乏深入的了解和认同，甚至存在抵触情绪。在推动企业文化建设的过程中，基层工会干部如何发挥思想政治引领力，引导职工深入理解和认同企业文化？如何通过多样化的活动和宣传手段，增强职工对单位的归属感？

如何引导职工群众树立正确的世界观、人生观和价值观，凝聚职工力量，推动企业和社会和谐发展？面对复杂多变的社会环境和职工群众多元化的需求，基层工会干部如何发挥思想政治引领力，成为亟待探讨的重要课题。

能力构成

政治引领力是指用党的理论武装头脑、统一思想、指导实践、抵御一切错误思潮干扰的能力。政治引领力是基础、前提和先导，只有在理论武装的基础上抵御错误思潮干扰，才能建设具有强大凝聚力和引领力的社会主义意识形态，使全体人民在理想信念、价值理念、道德观念上紧紧团结在一起。工会组织增强政治性就是要教育引导全体职工坚持正确的政治立场、政治方向，把党的路线方针政策和决策部署落实到工会各项工作中去，主动承担起教育引导职工群众听党话、跟党走的政治责任，把坚持党的领导、坚持社会主义道路落实到广大职工群众中去，团结动员广大职工发扬主人翁精神、发挥主力军作用，积极投身中国式现代化和中华民族伟大复兴的实践中。基层工会干部在工作中要注意以下内容：

一是避免缺乏探索精神，思想创造力不足。思想创造力要求基层工会干部坚持以科学的思想为指导。基层工会干部在推进改革创新的过程中，要坚持以马克思主义为指导，把理论与实际紧密结合起来，坚持运用马克思主义立场、观点和方法来分析解决具体工作中面临的各种新情况、新矛盾和新问题。此外，思想创造力要坚持以实践为基础。实践是主观与客观联系贯通的桥梁和纽带，是思想创造和理论创新的源泉。基层工会干部如果缺乏相应理论知识和实践经验，则会进一步表现为缺乏创新意识和探索精神，不能掌握客观实际，反映客观事物，把握事物发展和实践发展的规律，进而导致思想创造力不足。

二是防止只进不出，思想传播力不足。思想传播力要求基层工会干部坚持以党的理论武装自身并积极传播党的思想、路线、方针和政策等。马克思指出："理论一经掌握群众，也会变成物质力量。理论只要说服人，就能掌握群众。"理论掌握群众的过程，就是推进思想传播，运用一定的理论教育、武装和掌握群众的过程。在学习马克思主义，尤其是中国化马克思主义的基础上，基层工会干部要着力学习、领会、贯彻、落实习近平新时代中国特色社会主义思想，并进一步将马克思主义中国化的最新成果传递给职工群众。如果基层工会干部对党的理论未能做到学懂、弄通、悟透，只进不出，则无法进一步发挥思想传播力，很难做到引领职工加深对这些新理论新思想的认识和认同。

三是警惕无法为职工解惑，思想疏导力不足。思想疏导力要求工会干部坚持以党的正确理论和创新思想引领并疏导职工群众，做到心往一处想、劲儿往一处使，带领职工群众建功立业。随着改革开放和社会主义市场经济的深入发展，我国的经济体制、社会结构、利益格局发生了深刻变化，加上经济全球化、社会信息化、文化多样化的交互影响，人们的理想信念、价值观念、道德观念更加多元多样多变。职工群众在这种复杂多变的现实环境下，可能会产生一定的思想迷茫、困惑和分歧等。关键是要提高基层工会干部的思想疏导力，善于运用党的正确理论和创新思想，对职工的思想疑惑、分歧和分化加以具体分析、比较辨别和疏通引导。基层工会干部如果无法为职工答疑解惑，则意味着其思想疏导能力较弱，不利于形成职工共同团结奋斗的合力。

四是力戒不善于理论联系实际，思想转化力不足。思想转化力要求基层工会干部在坚持学懂弄通做实的基础上，把党的思想转化为现实，对其他职工产生正向引领作用。思想能否产生引领力，关键在于党的创新理论和创新思想能否成功转化为创新实践。基层工会干部的思想转化以社会发展实践、时代的发展需要和人们的思想实际为出发点，以马克思主义理论、中国特色社会主义理论，特别是习近平新时代中国特色社会主义思想为理论根基，结合工作单位实际情况引领职工的思想行为向前发展。基层工会干部如果不善于理论联系实际，无法做到把党的创新思想转化为维权服务实效，则意味着思想转化力不足。

培养路径

2024 年 10 月 12 日，中共中央、国务院印发《关于深化产业工人队伍建设改革的意见》，强调强化思想政治引领，团结引导产业工人坚定不移听党话跟党走的总要求。持续强化产业工人队伍思想政治工作，坚持不懈用习近平新时代中国特色社会主义思想凝心铸魂，推动党的创新理论在产业工人中落地生根，结合实际做好网上思想政治引领，持续抓好主题宣传教育，开展普遍轮训。鼓励支持大国工匠、高技能人才参加国情研修，鼓励支持产业工人参加青年马克思主义者培养工程，深化社会主义核心价值观教育，筑牢团结奋斗的共同思想基础。大力弘扬劳模精神、劳动精神、工匠精神。做实“中国梦・劳动美”主题宣传教育。在劳动模范、五一劳动奖章、青年五四奖章、三八红旗手等评选工作中，加大对产业工人的宣传力度。深入开展“劳模工匠进校园”行动，把劳模精神、劳动精神、工匠精神纳入大思政课工作体系，支持在大中小学设立劳模工匠兼职辅导员，在职业学校（含技工院校，下同）开设“劳模工匠大讲堂”，在高等学校设立劳模工匠兼职导师。组织开展劳模工匠进企业、进社区、进机关宣传活动。

中国工会十八大报告提出，强化职工思想政治引领，广泛开展理想信念、社会主义核心价值观“四史”“中国梦・劳动美”“大国工匠”“最美职工”“万名劳模工匠宣讲党的创新理论”等系列教育活动，不断增强职工群众的政治认同、思想认同、理论认同、情感认同，筑牢亿万职工团结奋斗的共同思想基础。工会组织的思想政治引领作用反映出该组织的整体效用和工作水平。党和国家的政策导向为基层工会干部做好政治引领指明了方向，需要各级工会干部深刻领会，抓好贯彻落实。

一、聚焦思想政治引领，适应时代变化

各级工会组织要坚持把深入学习贯彻习近平新时代中国特色社会主义思想作为首要政治任务，认真履行政治责任，加强职工思想政治引领，推动党的创新理论深入人心，理想信念教育进一步常态化制度化，主流思想舆论巩固壮大；要牢记“国之大者”，找准工会工作与党的中心任务

的结合点、切入点、着力点，推动党中央决策部署在工会系统落地落实；要加强教育引导、实践养成和制度保障，推动社会主义核心价值观深入基层、扎根职工；突出劳动光荣、工人伟大的鲜明导向，推动劳模精神、劳动精神、工匠精神在全社会蔚然成风。在当前经济全球化、文化交融化和信息网络化的时代大背景下，广大职工对美好生活的向往日趋强烈，在利益诉求、价值取向、思想观念上呈现多元、多样、多变的新特征，对新时代职工思想政治工作也带来新挑战。因此，工会工作也需要与时俱进，适应形势发展新变化、职工思想新情况，进一步丰富内容载体，创新方式方法，推动习近平新时代中国特色社会主义思想进企业、进车间、进班组，增强广大职工群众对党的创新理论的政治认同、思想认同、理论认同、情感认同。要加强网上思想引领，打造网络学习平台，建设面向职工的新媒体矩阵，开展“网聚职工正能量，争做中国好网民”主题活动，培育积极健康、向上向善的网络文化，提升产业工人网络文明素养。通过不断强化思想政治引领，持续发挥思想政治工作武装人、引导人、塑造人、鼓舞人的作用，筑牢党执政的坚实阶级基础和群众基础。

二、凝聚团结奋斗合力，强化职工认同

习近平总书记指出：“我们的现代化既是最难的，也是最伟大的。从这个角度看，紧紧依靠工人阶级是必不可少的，工人阶级代表先进生产力。”新时代新征程，要充分发挥工人阶级主力军作用，以旗帜鲜明的态度，推动习近平新时代中国特色社会主义思想在广大职工群众中入脑入心，不断增强职工群众的政治认同、思想认同和情感认同，切实把职工群众团结在党的周围，坚定不移听党话、跟党走，诚实劳动、勤勉工作，锐意创新、敢为人先，汇聚起奋进新时代的磅礴力量。工会组织要牢牢把握新时代工人运动的时代主题，扎实推进产业工人队伍建设改革，不

断拓展职工技能培训渠道，广泛开展职工职业技能竞赛，积极开展职工创新成果评选，不断完善职工创新成果展示交流平台，广泛深入开展劳模和工匠人才创新工作室创建活动，大力推动构建产业工人技能形成体系，努力造就一支知识型、技能型、创新型劳动者大军。同时全面加强工会系统党的建设和工会基层组织建设，扩大工会组织覆盖和工作覆盖，把工会组织建设得更加充满活力、更加坚强有力，担当起助推高质量发展的时代重任。

三、选树典型示范引领，发挥带动作用

伟大时代呼唤伟大精神，崇高事业需要榜样引领。《中共中央 国务院关于深化产业工人队伍建设改革的意见》明确提出，通过深化产业工人队伍建设改革，产业工人综合素质明显提升，大国工匠、高技能人才不断涌现，知识型技能型创新型产业工人队伍不断壮大，力争到 2035 年，培养造就 2000 名左右大国工匠、10000 名左右省级工匠、50000 名左右市级工匠，以培养更多大国工匠和各级工匠人才为引领，带动一流产业技术工人队伍建设，为以中国式现代化全面推进强国建设、民族复兴伟业提供有力人才保障和技能支撑。各级工会组织要紧紧围绕上述目标，进一步加大高技能人才培养力度，加强劳模工匠创新工作室、技能大师工作室、职工创新工作室、青创先锋工作室等平台建设；推动在专精特新中小企业、专精特新“小巨人”企业中加强创新工作室建设，促进专精特新中小企业发展。基层工会干部要注重在推进中国式现代化实践一线发现培养先进典型，发挥劳模和工匠人才的示范引领作用，在全社会大力弘扬工匠精神，讲好工匠故事，引导更多青年职工走技能成才、技能报国之路。

四、抓牢宣传教育工作，打造宣传阵地

基层工会组织要深化宣传教育，坚持以习近平新时代中国特色社会主义思想教育职工，着力构筑职工共同奋斗的思想基础，打造“工”字系列职工文化特色品牌。持续开展多种形式的学习培训和宣传宣讲。通过理论学习中心组学习、专题学习会、辅导报告会等多种形式强化学习，着力在深化内化转化上下功夫。充分发挥“三微一端”新媒体和“职工之家”APP 等宣传阵地作用，组织开展演讲比赛、知识竞赛、主题展览、阅读交流等活动，进行全方位、多角度的宣传宣讲，推动习近平新时代中国特色社会主义思想和习近平总书记重要讲话精神往深里走、往实里走、往心里走。同时把宣传和信息报道工作提高到外树形象、内强素质的高度来抓，综合运用外宣、内宣、网宣的资源和手段，提高工会新闻宣传工作的影响力、公信力，做到电台有声、报纸有名、电视有影。成立劳模志愿宣讲团，通过开展读书宣讲、结对帮扶等形式开展党史、党的二十大精神、党的二十届三中全会、中国工会十八大精神宣讲，把广大职工群众更加紧密地凝聚在党的旗帜下。发挥工会“大学校”、职工书屋作用，引导广大职工多读书、读好书、品书香、增知识，全面提高自身素质，把职工书屋打造成内聚人气、外树形象的职工文化品牌。

思考提升

请对以下问题进行客观的自我评价：

1. 能够深入学习和掌握党的思想政治理论，具备坚定的政治信仰和理想信念，为职工群众提供正确的思想引领。

2. 能够积极传播党的思想政治主张，助力职工树立劳模精神、劳动

精神、工匠精神，引导职工群众树立正确的世界观、人生观和价值观。

3. 能够坚持正确的政治方向、舆论导向、价值取向，面对复杂多变的社会思潮和舆论环境时，能坚守政治立场，旗帜鲜明地抵制各种错误思想和言论，以正确舆论引导职工，唱响奋进新征程的时代主旋律。

4. 能够注重创新思想政治引领方式和方法，结合工会工作实际和新时代工运事业特点，运用多种宣传手段（如讲座、研讨会、宣传栏、新媒体等）向职工群众传播党的思想政治理论，提高宣传教育的覆盖面和影响力。

5. 能够坚持以社会主义核心价值观为引领，用中国特色社会主义共同理想教育引导职工，打造健康文明、昂扬向上、全员参与的职工文化。

延伸阅读

山东德州齐河县总工会“聚新同心”加强新就业形态劳动者思政引领

山东德州齐河县总工会聚焦新就业形态劳动者思政引领，用好“三个精神”教育基地，将思政工作与组织建设、建功立业、权益维护深度融合，推动党的创新理论入脑入心，为新时代职工思政工作树立典范。

2018 年，齐河县总工会为助力物流园区健康发展，成立盖世冠威物流联合工会。2021 年，先后成立货运、快递行业联合工会。2024 年，推动新就业形态劳动者思政引领、组织建设、建功立业、权益保障有机融合。

齐河县总工会全面贯彻全国总工会“559”工作部署和宣传“1116”工作安排，大力实施“凝心铸魂 齐心筑梦”行动，创新打造

“聚新同心”工作品牌。

一是将思政引领贯穿新就业形态劳动者工会工作各方面、全过程。线下用好劳模精神、劳动精神、工匠精神教育基地，线上推出《永不过时的劳模精神》《教育基地开讲啦》短视频栏目，以职工喜闻乐见的方式推动党的创新理论入脑入心，筑牢新就业形态劳动者思想根基。

二是在解决实际问题中解决思想问题，思政工作与组织建设、建功立业、权益维护深度融合。发挥头部平台企业示范引领作用，坚持数智赋能，将企业平台与齐鲁工惠 APP、“职工之家” APP 有机结合，实现平台会员“一键入会”，大幅提高企业建会职工入会积极性。为劳动者建功立业、素质提升、风采展示搭建平台。着力在工作条件改善、医疗健康保障、劳动权益维护等方面为职工提供暖心服务。坚持“会、站、家”一体化建设，发挥工人文化宫、“司机之家”等阵地效能，开展职工培训、法治体检等特色化定制化服务，满足职工多方面的需求，把新就业形态劳动者吸引过来、组织起来、稳固下来。

“聚新同心”使新就业形态劳动者思政引领工作实现了从“0”到“1”质的飞跃。县域内头部平台满易运建会后，职工流失率下降 19.8%，带动美团、饿了么、平安运输等企业全部建会，职工利益诉求得到保障和满足，实现了企业职工双赢。

大庆油田工会发挥劳模工匠引领作用，为企业高质量发展赋能

大庆油田工会围绕贯彻落实习近平总书记为大庆油田发现 60 周年贺信“当好标杆旗帜、建设百年油田”指示精神，再燃“三个引擎”，持续释放以全国劳动模范、大国工匠年度人物刘丽为代表的劳

模工匠示范引领动能，让广大职工学有榜样、赶有目标，促进更多劳模工匠竞相涌现，为企业高质量发展汇智赋能。

一、点燃思想教育引擎，让劳模工匠成为精神传承的“领头雁”。坚持将发挥劳模工匠思想政治引领摆在首位，组织劳模工匠深入基层一线开展学习贯彻习近平新时代中国特色社会主义思想主题宣讲活动，引导广大职工始终听党话、感党恩、跟党走；组织劳模工匠开展形势任务报告会、各类主题教育活动，号召广大职工树立命运共同体意识，自觉增强与企业同呼吸、共命运的责任感和使命感；组织劳模工匠专题展、先进事迹报告会，讲好劳模故事、劳动故事、工匠故事，凝聚激发广大干部职工干事创业、岗位建功的干劲热情，营造学习楷模、崇尚先进、争当典型的浓厚氛围。

二、点燃创新赋能引擎，让劳模工匠成为解难创效的“领跑者”。发挥劳模工匠技术技能优势，打造劳模工匠一线行、职工创新大讲堂等特色品牌载体，为一线解决实际问题3200余项；创建创新创效集成共享信息平台，征集合理化建议20000余条、技术革新成果4000余项，多项成果代表中石油和黑龙江省参加全国创新成果展；制定大庆油田劳模创新工作室管理办法，建成公司级劳模创新工作室104个，常态化开展一线难题征集、修旧利废等活动，把劳模创新工作室打造成劳模工匠创新创效第一站；推动百家劳模创新工作室集群化发展，完善“研产用”一体化创新创效模式，近三年产出各项技术创新成果2000余项，推广应用300余项。

三、点燃人才培育引擎，让劳模工匠成为接续力量的“领路人”。充分发挥劳模工匠“传帮带”作用，积极开展劳模工匠“双师带徒”活动，结对师徒覆盖技术、技能、科研、党建等各行业领域，促成师徒对子1000余对；以劳模工匠为核心骨干，持续深化劳模创新工作室、工匠学院等人才培育阵地建设，广泛开展学习培训、岗位练兵、技能比武，打造一线职工实训基地、高技能人才培养基地、劳模工匠攻关基地，成为广大职工成长进步的摇篮；发挥劳模工匠资源优势，搭建“红工衣＋白大褂”和“院厂合作”平台，促进科研人员与劳模工匠的深度融合，推动由“个体先进”向“群体先进”的拓展升级，攻克技术瓶颈壁垒，扩大成果转化的辐射面，让越来越多的劳模工匠及团队成为推动企业高质量发展的“硬支撑”。

“五感”并重传承红色基因

——井冈山大学工会积极开展“工学互动”系列活动强化教职工思想引领

井冈山大学工会积极履行政治责任，在职工思想引领上突出“工会担当”，发挥工会群团组织优势，充分利用好本地红色资源，以春风化雨的方式将红色文化传承融入各种活动之中，团结带领教职工坚定不移听党话、矢志不渝跟党走，为学校高质量发展作出应有贡献。

一是厚重时代感，在重温历史中坚定理想信念。每年组织新引进教师参观井冈山精神博物馆，观看由井冈山大学、中国井冈山干部学院、同济大学合编的音乐舞蹈史诗《井冈山》，让教职工了解井冈山斗争史，熟悉井冈山精神的核心内涵。

二是增强认同感，在诵读家书中传播红色文化。举办红色经典诵读大赛、书画抄写大赛。让广大教职工在诵读红色家书、抄写毛泽东诗词的过程中进一步感受红色文化，增强情感认同。

三是抒发自豪感，在演唱经典中传承红色基因。井冈山大学组建映山红教职工合唱团，每周开展至少一次的集中排练训练。深入学校、广场、社区演唱《映山红》《毛委员和我们在一起》等红色革命经典歌曲，应邀参加央视“炙热青春”节目录制。

四是提升体验感，在体验场景中接受精神洗礼。组织教职工代表到东固革命根据地、永丰县龙冈畲族乡开展红歌采风活动，重走红军路，缅怀革命先烈。

五是注重参与感，在演绎角色中赓续红色血脉。开展红歌专场演唱音乐会，组织师生演绎语言类红色节目，由井冈山大学师生同台合演的《信仰的力量》受邀到全省高校、中小学巡回演出。

本章结语

本章聚焦新时代基层工会干部应具备的政治能力，从政治判断力、政治领悟力、政治执行力、政治引领力四个方面分别加以阐述。强调政治性是工会组织的灵魂，是第一位的职责定位。工会干部必须旗帜鲜明讲政治，用习近平新时代中国特色社会主义思想武装头脑，深入贯彻习近平总书记关于工人阶级和工会工作的重要论述，在履职尽责中强化政治能力、增强工作本领、淬炼过硬作风。明确要坚持以职工为中心的工作导向，加强职工思想政治引领，认真履行维权服务基本职责，扎实推进产业工人队伍建设改革，团结动员广大职工始终不渝听党话、跟党走，大力弘扬劳模精神、劳动精神、工匠精神，积极投身中国式现代化伟大实践，为中华民族伟大复兴作出积极贡献。

第3章

新时代基层工会干部应具备的专业能力

专业能力是一个人在特定职业或领域中，通过学习、实践和经验积累形成的能够胜任工作并取得良好绩效的能力。面对新形势新任务，不少基层工会干部因为缺乏专业知识而存在本领恐慌问题。习近平总书记在庆祝中国共产党成立95周年大会上指出："各级领导干部要加快知识更新、加强实践锻炼，使专业素养和工作能力跟上时代节拍，避免少知而迷、无知而乱，努力成为做好工作的行家里手。"新时代基层工会工作具有"高标准、严要求、担子重、责任大、专业性强、复杂性高"等特点，为适应工运事业和工会工作的快速发展，应把提高基层工会干部的专业能力摆在更加突出的位置，不断提高基层工会干部的专业能力，锤炼专业作风，培育专业精神。

基层工会干部应具有服务职工的专业思维、专业素养、专业方法，熟悉基层工会业务，掌握扎实的工会业务知识和技能，具备团结动员职工建功立业、开展维权服务、构建和谐劳动关系、管理工会资产财务等方面的专业素养。能够运用与职工权益和工会工作密切相关的常用法律法规和政策熟练开展工作，善于依法依规依章程团结教育职工、履行维权服务基本职责、满足职工实际需求，把职工凝聚起来、动员职工围绕党的中心任务建功立业。

基层工会干部的专业能力主要有组织领导能力、维权服务能力、构建和谐劳动关系能力和财务资产管理能力。

第一节　组织领导能力

情境导入

情境一：职工入会难，企业建会难，双难如何破?

职工沟通会上，工会工作人员通过宣传手册向职工宣传工会职能，有些职工只是咨询并未入会，有的虽然有意愿加入工会，但一想到还得缴纳会费就打退堂鼓了，有的说感觉工会没什么太大作用。在一些企业沟通会上，未建会企业表达了很多顾虑，有的企业怕建会成本太高，有的企业怕建会麻烦，还有的企业怕建会就给自己找了个对立面。面对这些情况，基层工会干部如何打消职工和企业顾虑，将更多的职工和企业纳入工会体系中来?

情境二：工会活动吸引力不足，职工不爱参加，该如何解决?

某企业工会精心策划并组织了一场旨在增强团队凝聚力、丰富职工业余生活的工会活动。然而，在活动的组织与动员过程中，却遭遇了较为尴尬的局面。有的表示活动地点距离单位过远，交通不便，难以在规定时间内抵达；有的则称家人身体抱恙，需在家中悉心照料，无法抽身；还有人提及早已安排了亲子游活动，与工会活动时间冲突，实在难以两全；更有部分同事虽有意愿参加，但因当天值班任务在身，无法协调工作与活动的时间安排，只能无奈放弃。

基层工会干部如何策划并组织一场既能充分考虑职工实际情况，又能有效激发职工参与热情的活动？如何创新活动形式与内容，找到能够充分调动职工积极性的有效路径？

情境三：工会劳动竞赛如何玩出花样？

很多职工认为工会就是给大家逢年过节发福利、开展文体活动的部门，“福利型工会”“活动型工会”深入人心，但是随着新质生产力的发展，工会组织如何围绕大局开展助推企业创新创效工作成为亟须解决的问题。虽然实践中有的工会也会开展一些劳动竞赛，但竞赛主题年年老一套，职工参与积极性不高。基层工会如何组织职工开展高质量的劳动竞赛？

能力构成

基层工会干部的组织领导能力包含企业管理能力、与班子成员的合作协调沟通能力及组织能力三方面内容。

一是企业管理能力。在多数企业实施党政工领导体制的大背景下，基层工会干部在企业班子中一般有明确分工，需要承担一定的管理职责。基层工会干部必须熟悉企业的运作流程，了解企业的战略目标，并且能根据企业实际制定工会组织相应的工作计划和策略。基层工会干部需要运用各种管理工具和方法，比如项目管理、质量管理等来提高工作的成效，这样才能在企业决策中有底气，有话语权和相应地位，才能更好地推动企业发展。

二是与班子成员的合作协调沟通能力。基层工会干部不能单打独斗，必须和企业其他领导班子成员一起合作，利用工会组织体系优势，通过组织不同活动，将企业的要求、班子的共识传达落实到职工群众中去，共同推动企业的发展。基层工会干部要有良好的沟通协调能力，能够和其他班子成员共进共退、协同工作。要学会倾听别人的意见，尊重别人的想法，既保持工会组织的独立性，又科学融合不同力量、不同资源，助力和推进工会工作。

三是组织能力。1943 年 11 月，毛泽东以《组织起来》为题作了重要讲话，强调要“把群众力量组织起来，这是一种方针”。这强调了组织力量对增强群众凝聚力的重要性。在基层工会工作中，工会干部的组织能力是核心要素，它直接关系到能否将广大职工紧密团结在党的周围，形成坚不可摧的力量，确保工会充分发挥组织作用，促进企业与社会的和谐发展。然而，在现实中，一些基层工会干部在组织领导力不足，遭遇挑战时难以有效地将职工凝聚在工会旗帜下，普遍存在不重视组织、无暇组织和不善组织等现象。工会干部在工作中需要注意以下内容：

一是警惕认知偏差，忽视组织价值。部分基层工会干部对工会组织存在的价值和意义认识不清，将工会工作简单化、程式化，存在“坐等职工上门”的误区，认为只要工会存在，职工自然会聚集而来，无须过多组织努力。他们忽视了主动组织活动对于加强企业文化建设，增强职工归属感、提升工会组织影响力的重要作用。这种“被动等待”的心态，导致他们的组织能力在无形中退化，与职工之间的距离也渐行渐远。

二是避免资源分配不均，组织精力受限。由于对工会工作、工会组织的地位、作用认识不清，难以结合企业总体发展战略、阶段性发展目标及职工队伍建设要求系统策划工会系列活动，面对繁重的工作任务和有限的资源，一些基层工会干部往往将主要精力放在完成硬性指标和日常事务上，忽视了组织活动的长远效益。他们可能认为组织活动会分散工作精力，影响其他任务的完成。殊不知，正是这些看似与党组织、行政部门工作方式不同的“无关紧要”的各类工会活动，才是走近职工，了解和把握职工脉搏的重要途径，才是连接职工情感、增强团队凝聚力的关键所在。

三是防止创新能力不足，组织方式僵化。部分基层工会干部在组织活动时，缺乏创新思维和灵活应变能力。一方面缺乏以当下人们喜爱和接受的方式开展工作的创新思维，往往沿用老一套的方法和模式，难以适应职工日益多样化的需求和兴趣；另一方面缺乏创新的素质和能力，忽视职工的获得感、体验感。往往可能只是简单地复制粘贴其他单位的成功经验，却未结合本单位实际创新调整，做出本单位特色。这种“一刀切”的组织方式，难以让职工通过活动受到启发、受到教育，学到面对具体问题的处理办法，更难以引发职工自我反思，不仅无法激发职工的参与热情，还可能让职工感到厌倦和反感，进一步降低工会的吸引力和影响力。

组织领导能力是基层工会干部不可或缺的核心能力之一。它不仅是工会工作顺利开展的重要保障，更是推动企业发展、构建和谐劳动关系的重要力量。简单来说，组织领导能力就是基层工会干部如何团结、激励和带领广大职工群众的能力。这种能力就像是一座桥梁，连接着企业与职工、工会与职工，确保工会工作能够切合企业和职工的需要，助力企业兴旺发展、职工成长成才，让工会工作深入人心、落到实处。只有具备了这些能力，基层工会干部才能更好地履行职责，为企业和员工服务，才能真正成为职工群众的“娘家人”、知心人、贴心人，将工会组织建设得更加坚强有力、更加充满活力。

基层工会干部应具备的组织领导能力也可以概括为工会组织团结、凝聚和动员广大职工群众的能力，是一种综合性组织领导能力。从评价指标上可以具体分为组织发展力、组织服务力、组织生命力、组织影响力四个维度。

组织发展力，即工会引导职工群众“当好主人翁，建功新时代”的组织动员力，组织职工在企业发展中展现作为。基层工会干部就像是航船的舵手，引领着职工群众这艘大船，在企业发展的海洋中破浪前行。通过组织劳动竞赛、技能比武等活动，基层工会干部能够激发职工群众的积极性和创造力，让他们在企业发展中大显身手，同时也为国家的繁荣富强贡献力量。从 1932 年在中央苏区开展的群众性竞赛活动到马恒昌小组竞赛运动，从创造新纪录运动、爱国增产节约运动，到改革开放初期的增产节约、为“四化”立功运动……有着 90 年历史的劳动竞赛，在三峡等重大工程中焕发着新的活力。随后，围绕国家重大战略、重大工程、重大项目、重点产业，各级工会开展的劳动和技能竞赛热火朝天。劳动竞赛在与时俱进中迸发出源源不竭的生机与活力，成为亿万职工奋斗路上的“催化剂”。

组织服务力，即工会构建覆盖广泛、快捷有效的职工服务体系的能力，打造符合职工需求的工作品牌。习近平总书记要求各级工会“面对职工多样化多层次多方面的需求，要全面提高服务的广度、力度、深度、精度和温度，切实增强职工的获得感、幸福感和安全感”。基层工会组织一方面要考虑如何通过组织各类活动促进企业生产经营目标的实现，同时要想方设法为职工素质提升、能力提升，为企业、社会贡献聪明才智搭平台、扩舞台、推上台，拉近企业与职工的联系；另一方面还要根据时代的发展、社会的进步、职工队伍结构的变化、需求的变化，提供物质和精神服务，尤其是通过职工心理关爱服务赋能职工，促进职工心理资本提升，进而促进企业生产品质、效率的提升。工会干部是职工群众的贴心人，要时刻关注他们的需求和困难。无论是生活上的小烦恼，还是工作上的大难题，工会干部都要伸出援手，为他们排忧解难。当前基层工会干部不断延伸服务职工手臂，聚焦职工群众的“急难愁盼”，打造“暑期职工子女托管”“求学圆梦”“职工互助保障”“暖心驿站”“心灵驿站”等系列服务品牌，用一件件春风化雨、润物无声的“小切口”实事好事，有力发挥基层工会服务职工职能。

组织生命力，即工会自身的组织结构和运行机制所体现出来的组织活力。一个充满生命力的工会组织，应当能够认识自己、认识时代，工作讲究方法、讲究技术，用真心、真情竭诚维护服务职工群众。基层工会干部通过加强工会组织建设、完善运行机制、创新工作模式、开展丰富多彩的活动等方式，让工会组织始终保持旺盛的生机和活力。同时，他们还注重激发职工群众的参与热情和创新精神，开门办会、会员管会，让工会组织成为推动企业发展、职工成长成才的强大动力。当前基层工会干部以“六有”工会建设为统领，以规范工会选举、深化会员评家为重点，激发基层工会活力，努力做实叫响“职工之家”。例如，大中型企业建家活动重心不断下移，把“家”建在车间班组，建筑安装企业把“家”建在项目部，矿山企业把“家”建到工作面。全力推动各级工会组织、各单位“职工心灵驿站”建设，用心理学助力工会组织高质量发展，促进工会工作转型升级，与企业新质生产力发展相匹配、相融合。

组织影响力，即工会所具有的社会影响力。基层工会干部就像是工会组织的代言人，他们的言行举止代表着工会的形象和声誉。通过系统化策划、组织，逐步打造针对不同层级、不同人群、解决不同问题的系列工会品牌活动、积极履行社会责任、用心用情为职工服务等方式，基层工会干部能够赢得党政的支持、职工群众的信任，同时也能够提升工会组织在社会中的知名度和影响力。有一种温暖叫“工会在您身边”，基层工会干部用心用情传递工会温度，用心用情为职工服务，架起党和政府联系职工群众的“连心桥”，当职工群众满意的“娘家人”，力求让职工群众第一时间想到“有困难找工会”，通过参加工会组织的各类活动，进一步提升获得感、幸福感、安全感。

培养路径

2023 年 10 月 23 日，习近平总书记在同全国总工会新一届领导班子成员集体谈话并发表重要讲话时指出，“要继续深化工会改革和建设，牢固树立大抓基层的鲜明导向，夯实基层基础，激发基层活力，不断增强基层工会的引领力、组织力、服务力……要健全已有的组织基础，扩大工会组织覆盖面。”基层工会干部的组织领导能力体现在能最大限度地把广大职工组织到工会中来、最大限度地维护服务广大职工的合法权益、最大限度地发挥工人阶级的主力军作用。基层工会干部组织领导能力的提升，需要转变工作作风，走进基层，走近职工，调研了解职工群众所思所想，把握职工诉求的热点、焦点，需要培养创新思维，了解新发展趋势，掌握新科技手段，广泛深入持久开展以劳动竞赛、建立工会星级评价体系等为基础的各类形式多样、丰富多彩、有时代特点、符合企业需要、职工需求的各级各类活动，全方位、多角度、立体化提升工会干部的组织发展力、组织服务力、组织生命力、组织影响力。

一、创新建会入会方式，扩大工会组织覆盖面

工会组建是工会工作永恒的主题，没有休止符。它是加强工会工作的一项基础工程，也是形成工会组织凝聚力的重要前提。基层工会干部的组织领导力在工会组建工作中主要体现为最大限度地吸纳更多未建会单位和未入会职工加入工会组织的能力。提升这方面能力的主要途径在于分类施策，甚至做到“一企一策”精准助力建会，逐步形成从“自上而下推动建会”到“自下而上自愿建会”的转变。基层工会工作者走访企业，“跑断腿”“磨破嘴”宣讲建会，常常收效甚微甚至吃“闭门羹”。

但也有一些基层工会创新工作方法，取得一定成效。例如，上海杨浦区湾谷科技园新江湾城街道总工会积极探索“服务建会，长期跟踪”模式，吸引园区内企业主动建会。该街道工会结合园区科创型企业多、职工以年轻白领为主的特点，依托湾谷驿站“午间益小时”特色服务职工品牌，在中午休息时间向广大白领推出诸如科普讲座、手工制作、沪语课堂、健康咨询等服务，吸引、凝聚、带动园区职工主动参与有“工”字特色的活动，见缝插针地为职工送上包含疗休养、返沪火车票补贴、职工互助保障项目等内容的服务清单。这些实实在在的服务，逐渐赢得了职工的认同，改变了职工对工会的刻板印象。

二、与时俱进聚焦需求，提升工会组织吸引力

基层工会干部经常反映工会活动难组织、组织活动难，原本想举办一个工会文体活动，结果参与者寥寥，导致基层工会干部对组织活动望而却步。当前，解决工会活动组织难的主要途径是与时俱进聚焦职工需求，提高职工参与度。工会工作是群众性工作，只有广大职工都参与到工会的各项工作和活动中来，才能有广泛的群众基础，从而产生凝聚力。为此，基层工会工作必须坚持以职工为本，面向职工、强化功能。在工作指导思想上，坚持职工在工会工作中的主体地位，开门办会，会员管会，征集职工对办好工会活动的“金点子”，以当下职工喜爱和接受的方式组织相应的活动，最广泛地动员、引导、吸纳职工参与到工会工作中来，使职工成为工作的参与者，实践者和受益者。在工作内容上，要定期组织职工需求调研，针对职工所思、所想、所需、所盼开展工会活动。活动不求多，不求“高大上”，力求务实、力求解决问题。比如，针对每年新人入职季，开展“如何尽快融入企业、如何做好职业生涯规划”团建活动。针对新手妈妈、有学龄期孩子的父母开展有关家庭教育、亲

子关系、夫妻关系类体验式培训，针对不同岗位职工开展“如何进行情绪和压力管理”“如何提升心理资本”“如何促进高效工作”等沙龙活动、团辅活动，有效避免“职工想要的，工会不干；职工不需要的，工会大干”的状况。在工作品牌上，要打造服务职工系列品牌活动，努力实现“服务职工、职工受益和职工满意”的总目标。

三、全面深化劳动竞赛，聚力赋能高质量发展

发展新质生产力时代，基层工会组织动员职工深入开展多种形式的劳动竞赛成为提升基层工会组织发展力的重要手段。2023年10月23日，习近平总书记在同全国总工会新一届领导班子成员集体谈话中强调，“要围绕贯彻新发展理念、构建新发展格局、推动高质量发展，广泛深入开展各种形式的劳动和技能竞赛，激发广大职工的劳动热情、创造潜能，在各行各业各个领域充分发挥主力军作用”，为基层工会组织全面深化劳动竞赛提供了方向遵循。一方面要抓好“赛什么”，注重竞赛活动的策划，创新竞赛形式和内容，确保竞赛活动具有吸引力和实效性；另一方面要瞄准“赛出啥”，设立合理的激励机制，对在竞赛组织中表现突出的个人和团队给予奖励。探索新途径、扩大覆盖面、提高参与度，带动多层级、多行业、多工种劳动竞赛蓬勃发展，以实干实绩奋力谱写中国式现代化建设的新篇章。比如，中国中铁工会注重劳动竞赛组织的时效性、目的性及多样性，根据国家重点工程工期、质量、成本控制等要求，联合总部相关职能管理部门一道，党政工团联合发文统一部署、统一行动，适时开展区域性劳动竞赛、企地联合劳动竞赛，纵向到班组，横向到各系统、各专业间的劳动竞赛及职工岗位竞赛，技术比武等系列劳动竞赛活动，并将竞赛结果纳入企业业绩考核、班子成员年度考核，对竞赛优胜单位进行表彰奖励。各单位精心组织，周密安排，不仅促进了各项考

核指标如期或超额完成，拉近了与地方政府、业务相关部门与企业的联系，更给企业和职工搭建了展示企业文化、展示职工精神面貌和技能水平的大舞台、大平台，有力促进了企业兴旺发展和职工业务水平的不断提升。

四、紧扣工会主责主业，构建工会星级评定体系

构建工会星级评定体系，是提升工会工作效能、增强工会组织活力的重要举措。干得好“评星定级”，干不好“摘星降级”。哪怕前一年是一星级工会，只要下一年工作表现突出，也可以跨级申报为五星级工会，反之面临的则是“摘星降级”。“星级评定”让基层工会组织的工作实效一目了然，对激发基层工会组织活力、提升工作水平具有积极意义。一方面，“星级评定”实行动态管理，能比较直观地规范基层工会组织工作的部署和安排，提升工作质效。“争星竞级”机制能够敦促基层工会组织正视工作中的不足，主动求变，争取获得更高的星级评价。这样的动态管理有助于激发基层工会组织的工作积极性和创新力，推动基层工会工作“上台阶”；另一方面，“星级评定”能在一定程度上帮助基层工会找准发展方向。实际工作中，一些基层工会成立伊始往往干劲十足，但随着时间的推移，“干什么、怎么干、干到什么程度”等问题可能相继出现，由此容易导致工作陷入迷茫，难以突破。“星级评定”竞争的方式，一定程度上可以帮助基层工会干部保持热情和干劲儿。

“星级评定”的评分标准可以视为基层工会的一份“工作清单”，引导其实现“从有到优”的转变，为其日常工作明确方向、注入动能。上级工会有明确的“规定动作”，完成“规定动作”得基本分，企业结合自身实际设计完成“自选动作”加分，进而鼓励基层工会组织因地制宜、因时制宜、因人而异组织、开展工会活动。同时，“星级评定”可以让

干得好的基层工会站到“C 位”来，让他们发挥示范带头作用，让一些好的做法得到复制、推广。“星级评定”采用现场观摩、座谈交流等方式，有助于基层工会之间加强沟通借鉴，你追我赶，取长补短，共同进步。在实践中，不少地方工会运用这一思路，激发基层工会活力。比如，广东深圳市总工会 2023 年发布《星级工会管理规范》，在创建内容中细致列出了基层工会在组织建设、权益维护、职工服务等方面应达到的目标；江苏常州市总工会为强化基层工会组织建设，对星级基层工会组织和优秀工会工作者进行评定，并给予一定的补贴；四川攀枝花市总工会以“星级评定”构建新就业形态劳动者工会工作评价体系，边评价、边整改、边完善，促进新业态领域工会组织建设高质量发展。

思考提升

请对以下问题进行客观的自我评价：

1. 善于策划工会文体活动，职工在我组织的文体活动中参与度较高。

2. 善于策划不同主题的劳动竞赛，职工在我组织的劳动竞赛中热情高涨。

3. 善于最大限度地把职工吸纳到工会组织中来，职工加入工会的主动性较强。

4. 善于为职工推出需要的服务项目，职工对这些服务项目认可度较高。

5. 通过各种服务，职工愿意在遇到困难时找组织沟通。

延伸阅读

黑龙江齐齐哈尔市总工会聚焦“五型”建设目标 大力培育“新时代马恒昌小组式班组”

黑龙江齐齐哈尔市总工会在“喊破嗓子不如做出样子”的马恒昌小组精神引领下，全面加强“五型”班组建设，促进班组“小细胞”迸发出“大能量”，有效激励全市班组在激发产业升级新动能中建功立业，推动传统精神焕发新活力。

2024 年，齐齐哈尔市总工会以马恒昌小组建组 75 周年为契机，针对班组建设普遍存在的队伍素质不高、创新活力不足等突出问题，坚持问题导向、注重分类指导、强化典型引路，大力培育“新时代马恒昌小组式班组”。

一是打造学习型班组，筑牢思想根基。充分利用班前会等形式，组织班组成员坚持学习党的创新理论，引导职工听党话、跟党走。制定完善班组成员行为规范，塑造班组文化理念，推动形成各具特色的优秀班组文化。

二是打造技能型班组，建设过硬队伍。组织开展多种形式的班组劳动竞赛，打造班组成员练兵“擂台”。建立“老带新、师带徒”结对机制和工匠人才培育机制，促进一线产业工人实现由“工”到“匠”的蝶变。

三是打造创新型班组，促进创新创效。建立班组绩效考评制度，完善班组创新成果奖励机制。支持创建劳模和工匠人才（职工）创新工作室，打造工作室联盟，广泛开展“四技五小两比”活动，充分激发班组创新创造潜力。

四是打造管理型班组，提升工作质效。健全以岗位责任制为主要内容的班组标准化管理制度。完善班组民主管理、民主评议等制度机制，切实保障一线职工对班务的知情权、参与权、表达权和监督权。

五是打造安全型班组，夯实安全基础。落实班组全员安全生产责任制，开展班前安全喊话评比、“安康杯”竞赛等活动，持续增强班组应急管理能力。

齐齐哈尔市企业通过“五型”班组建设，累计培育工匠人才516名，累计建成创新工作室71个、创新工作室联盟4个，涌现创新成果千余项，获评省级科技创新奖、“五小”创新成果奖和先进操作法310余项，助力企业提升核心竞争力。

浙江台州椒江区总工会“项目化选用”推动兼职副主席“有位有为”

浙江台州椒江区总工会围绕兼职副主席“选育管用评”，创新实施“项目化选用”模式，对激发工会干部队伍资源潜力具有积极借鉴意义。

针对工会兼职副主席选用模式单一、作用发挥不足等问题，2020年以来，台州椒江区总工会探索兼职副主席“项目化选用”模式，实现“选聘公开化、工作项目化、管理体系化”，推动兼职副主席在压力中奋进，在动力中成长。

一是公开竞聘“选得准”。联动组织、纪委等部门，建立兼职副主席带项目竞聘上岗机制。制定《工会兼职副主席管理实施办法》，建立公开报名、项目设计、竞聘演讲、部门监督等上岗闭环管理流程。聚焦职工群众需求、基层工会难点，重点扶持服务职工优质项目，推动兼职副主席在“带项目上岗”中充分施展才华、服务职工。

二是项目牵引“做得优”。深化兼职副主席“上项目、抓落实、促成效”履职机制，让工作内容精准定位。兼职副主席尚文波聚焦思想引领，组建职工艺术团，挖掘台州特色文化，创作现代戏《我的大陈岛》被列入省“五个一工程”项目。兼职副主席林蹦围绕“提技提薪”，率先在全省推动实施技能人才“股权激励”计划，惠及35家“产改”试点企业和3000余名产业工人。兼职副主席阮金炳立足维权服务，依托24小时工会驿站，打造“职工哨”品牌。

三是科学考评“干得实”。推行清单履职，细化重点工作和完成时限，推动兼职副主席照单履职、照单考核。实施动态管理，制定项目月汇报、季例会、年评估跟踪督导机制。突出成果导向，明确政治引领、组织活力等评价维度，设置包含目标性、过程性、总结性三个环节，工会、企业、职工三个主体的评价机制，全方位考量兼职副主席履职绩效。

台州椒江区总工会的实践取得了一定成效。一是实现兼职副主席履职变被动为主动，树立了实干导向。二是兼职副主席精力更加到位，工作更加精准，服务更加有效。三是推动群团组织改革在基层工会落地见效，开辟工会服务中心大局新赛道，激发助力发展新动能。

圆通速递有限公司工会健全机制 凝聚共识 系统推进新就业形态劳动者入会和服务

圆通工会以“让职工更幸福”为导向，着力从建机制、促规范、聚合力上下功夫，推动涵盖直营体系和加盟商在内的全网工会建起来、转起来、活起来，为新就业形态劳动者打造了温馨的“家”，为平台企业工会工作打造了样板。

圆通工会在全国总工会蹲点组、中国国防邮电工会、上海市总工会的指导下，进一步探索创新，将工作重心从直营体系向加盟网点拓展，服务对象涵盖至一线快递员、驾驶员、客服等，切实强化新就业形态劳动者权益保障。

一是凝聚共识建会建家。制定三年建会目标，完善内外联动机制，凝聚建会合力。企业内部加强协作，总部工会在沟通会、内部工具上，向各地分支机构加强宣传，评优评先向建会加盟网点倾斜。与上级工会信息共享，与属地工会联动，合力推进百人以上加盟网点建会。同时，推动职工之家（小家）建设。

二是多措并举建制维权。深化企业民主管理，召开一届二次职工代表大会（扩大）会议，审议通过新一轮全网集体合同和员工管理制度，积极回应和解决全网员工多元诉求，如推行派费直付、为全网快递员购买安全责任综合险等。建立青浦区快递物流行业劳动争议调解委员会圆通工作站、圆通之家矛盾纠纷调处化解中心，健全纠纷化解长效机制。

三是暖心守护用心服务。成立“员工质量服务委员会”，每月进行全员问卷调查，召开员工心声座谈会，累计达608场。升级普惠性福利，从薪酬待遇、后勤食宿、身心健康、职业发展等方面，全方位提升员工获得感、幸福感。升级“不离不弃基金”和“助学基金”，扩展覆盖到全网55万员工；全网为员工提供免费宿舍达1.2万间，全员工作餐免费；定期体检和补充医疗保险逐步覆盖；搭建全网培训体系，年均开展100万人次线上培训、6000人次线下培训。

圆通全网建会入会率持续提高，截至2024年底，圆通直营体系建会率动态达100%；推进百人以上网点建会700余家，其中上海区域百人以上网点建会全覆盖，超额完成年度目标，全网已累计建设职工之家（小家）3000余家。

第二节　维权服务能力

情境导入

情境一：企业拒绝配合调解，工会维权遭遇阻碍

某汽车制造企业的工人发现其加班费长期未依国家规定予以支付，且工作环境内的安全防护措施存在严重不足，致使重大安全隐患长期存在。面对这种状况，工人曾多次向厂方提出正当诉求，然而厂方却以经营困难、市场竞争激烈等缘由推诿，始终未予以切实解决。

工人向厂工会寻求帮助，期望借助工会的调解职能化解此次纠纷。但在调解进程中，厂方代表态度倨傲，无端拒绝提供加班记录以及工资明细等关键证据，直接致使调解工作陷入停滞状态。厂方甚至质疑工会的权威性以及调解行为的合法性，妄图通过拖延与回避的手段逃避责任，其行径严重损害了工人的合法权益，并对正常的劳动关系调解机制构成极大的破坏。工会干部如何发挥职能，维护职工合法权益？

情境二：维权服务资源有限，员工维权申请长时间搁置

某市一电子大厂，行业竞争激烈，常要求员工加班。部分职工因长期加班健康受损，向厂工会申请维权，希望争取合理加班补偿与医疗保障。但因工会人手不足、同时处理多起维权案件，该申请没有被及时处理。同时，由于工会工作人员缺乏专业知识经验，难以提供有效法律援助与调解服务，员工感到失望无助，质疑工会维权能力。

情境三：工会服务内容单一，无法满足职工多元化需求

在某大型服务业企业，工会的服务长期停留在传统的节日慰问、组织文体活动等层面。然而，随着“90后”“00后”等年轻职工逐渐成为企业主力，他们对个人职业发展、技能提升、心理健康辅导以及工作与生活平衡等方面的需求日益增长。当新入职的年轻职工小李向工会咨询是否有职业发展规划指导和心理健康咨询服务时，工会工作人员表示这些不属于工会的服务范围，他们只能提供一些基本的职业发展和心理健康方面的书籍和资料。小李感到失望，觉得工会并不能真正满足他们的需求。

能力构成

基层工会干部应该具备的维权服务能力是指工会组织在维护劳动者合法权益方面所具备的能力。维权服务是基层工会工作的重中之重，维权服务能力是基层工会的“看家本领”，是必须掌握的核心技能。首先，基层工会干部需要深入了解职工的权益和需求，知道职工最关心的是什么，最需要帮助的是什么。要经常去找职工聊天，了解大家的想法和困难。其次，基层工会干部要准确把握法律法规和政策规定，知道职工的哪些权益是受法律保护的，哪些是可以争取的。当职工对劳动合同、工资待遇、工作时间等方面有疑问时，工会干部要能够给他们解释清楚，让他们明白自己的权利和义务。再次，基层工会干部要会运用各种资源和手段为职工维权。比如，可以通过协商、调解、仲裁等方式来解决职工和企业之间的纠纷，也可以向上级工会、劳动监察部门等寻求帮助和支持。最后，基层工会干部要能够做好职工的心理疏导和安抚工作，当职工遇到困难和挫折，情绪比较低落或者激动时，能够耐心地倾听并给予他们适当的安慰和鼓励，让他们感受到组织的关怀和温暖。基层工会干部的维权服务能力非常重要，它关系到员工的切身利益和企业的稳定发展。只有具备了这种能力，才能在职工需要时挺身而出，为他们争取应有的权益，也才能更好地为职工服务、为企业发展贡献力量！

维权服务能力从评价指标上可以具体分为法律法规运用能力、劳动争议调解能力、社会资源整合能力、维权服务供给能力这四个维度。

法律法规运用能力，即基层工会干部需要具备运用《工会法》《劳动法》《劳动合同法》等相关法律法规为职工提供有力的法律支持的能力。为了更好地维护职工的权益，基层工会干部需要熟悉相关的劳动法律法规和政策。工作时，基层工会干部要像政策法规的“活字典”，能够迅速准确地找到适用的条款，为职工提供有力的法律支持。当前部分基层工会干部对《工会法》《劳动法》《劳动合同法》等相关法律法规掌握不够全面，导致在维权过程中难以准确运用法律条款。情境二中出现的员工维权申请长时间未能解决的问题，主要原因之一就是工会工作人员在处理劳动争议案件时缺乏足够的专业知识和经验，拿不出解决问题的思路和建议方案。在实践中也存在一些工会干部维权工作中由于缺乏足够的法律意识，忽视法律程序，甚至采取非法手段进行维权的情况。究其原因有三个方面：一是培训不足，一些基层工会干部在法律法规方面的培训不够系统、深入，导致法律法规运用能力不足。二是缺乏实践经验，部分基层工会干部缺乏实际维权工作的经验，难以将法律法规与实际工作相结合。三是重视程度不够，一些基层工会干部对法律法规在维权工作中的重要性认识不足，缺乏主动学习和运用的动力。

劳动争议调解能力，即基层工会干部在处理劳动争议过程中，通过运用法律法规、沟通协调、协商谈判等手段，促使争议双方达成和解协议，维护职工合法权益，构建和谐劳动关系的能力。基层工会干部在劳动争议调解中，如同一座坚固的桥梁，连接着企业与职工双方。他们通过深入沟通、耐心倾听，了解双方的诉求和关切，寻找企业与职工利益的共同点，努力搭建起双方沟通和理解的平台。这种桥梁作用，使得原本可能因误解或利益冲突而陷入僵局的劳动关系，得以重新找到平衡点和问题解决路径。当前部分基层工会干部在劳动争议调解过程中，处于职工与企业管理层之间的两难境地，受到来自双方的压力或指责。工会作为职工利益的代表，需要积极维护职工的合法权益，包括工资福利、劳动条件、工作环境、学习培训等方面。然而，企业管理层往往更关注企业的经济效益和运营效率，对工会提出的一些要求可能持保留态度，例如，情境一中企业方质疑工会权威性和调解的合法性。这种期望与要求之间的冲突，使得工会在协调劳资双方利益时面临巨大挑战。

社会资源整合能力，即基层工会干部在履行职责和开展工作中，能够有效地识别、获取、配置和利用社会资源，以支持工会职能的履行和工会事业发展的能力。这种能力不仅涉及工会内部资源的优化配置，还包括对外部社会资源的整合与利用，旨在通过资源的有效整合，提升工会的服务能力和影响力，更好地维护职工权益，促进劳动关系和谐稳定。部分基层工会干部资源整合意识不足，在资源整合方面缺乏足够的认识，没有充分认识到资源整合对提升工会工作效能、增强工会服务能力的重要性。这种意识上的不足导致在实际工作中，工会往往被动地依赖现有资源，缺乏主动整合社会资源的积极性和创造性。随着职工需求的多样化和个性化趋势日益明显，工会掌握的资源与职工实际需求之间往往存在较大的差距。这种供需不匹配的问题主要体现在三个方面：一是部分基层工会掌握的资源种类相对单一，难以满足职工多样化的需求。二是不同地区、不同行业之间的工会资源分布存在不均衡现象，导致部分地区的工会资源相对匮乏。三是一些基层工会在资源更新方面存在滞后现象，难以及时跟上社会和职工需求的变化。

维权服务供给能力，即基层工会干部通过整合资源、优化服务流程、提升服务质量等方式，为职工提供全面、及时、有效的维权服务能力。这种能力对于构建和谐劳动关系、维护社会稳定具有重要意义。当前基层工会中存在维权服务供给不能充分满足职工群众多样化需求的问题，部分基层工会的维权服务主要集中在传统的劳动权益保护上，如工资、工时、劳动安全等，而对于职工群众新兴的、多样化的需求，如职业发展、心理健康、家庭关怀等涉足较少。在维权服务方式方面存在僵化问题，部分基层工会的服务方式较为传统和僵化，缺乏创新性和灵活性，难以适应职工群众日益增长的个性化、差异化服务需求。在维权服务覆盖方面存在覆盖不足的问题。由于资源、人力等因素的限制，部分基层工会的维权服务覆盖面有限，无法全面覆盖所有职工，特别是非公有制企业、小微企业及灵活就业人员的维权需求。究其原因有四：一是服务能力和资源有限。部分基层工会由于人力、物力、财力等资源的限制，难以提供全面、深入的维权服务，特别是对于一些新兴、复杂的需求，应对能力有限。二是服务创新不足。部分基层工会在服务创新方面存在不足，缺乏对新技术、新方法的学习、应用和实践，导致服务方式和服务内容相对滞后。三是组织结构和运行机制束缚。部分基层工会的组织结构和运行机制较为僵化，缺乏灵活性和适应性，难以快速响应职工群众多样化的服务需求。四是对职工群众需求了解不足。部分基层工会缺乏对职工群众需求的深入了解和调研，导致服务内容与职工群众的实际需求脱节。

培养路径

党的十八大以来，习近平总书记高度重视做好职工维权服务工作，在召开重要会议和深入地方、基层考察时，对做好这项工作提出一系列新思想新观点新要求。2018 年 10 月 29 日，习近平总书记同全国总工会新一届领导班子成员集体谈话时强调："工会要坚持以职工为中心的工作导向，抓住职工群众最关心最直接最现实的利益问题，认真履行维护职工合法权益、竭诚服务职工群众的基本职责，把群众观念牢牢根植于心中，哪里的职工合法权益受到侵害，哪里的工会就要站出来说话……要做好城市困难职工解困脱困工作，及时做好因各种原因返贫致困职工的帮扶救助，为广大职工提供具有工会特点的普惠性、常态性、精准性服务。"2023 年 10 月 23 日，习近平总书记在同全国总工会新一届领导班子成员集体谈话时指出，"要认真履行维权服务基本职责，着力解决关系职工群众切身利益的实际问题，重视维护新就业形态劳动者的合法权益……要创新工作方式，努力为职工群众提供精准、贴心的服务"。这些重要讲话，明确提出要牢牢把握维权服务工作的主动权，对于积极担当作为、努力做好维权服务工作提出了更高要求。

一、加强学习，提高依法维权意识

基层工会干部作为职工权益的直接维护者，加强法律法规学习、增强法律意识、法律素养至关重要。这不仅有助于更好地履行职责，还能确保在维权服务中做到有法可依、有法必依，为职工提供更加专业、有效的法律支持。为了加强法律法规学习，基层工会干部可以采取以下措施：

一是定期参加培训。积极参加工会组织或相关部门举办的法律法规培训班，系统学习劳动法律、《工会法》等与职工权益密切相关的法律法规。

二是自主学习。利用业余时间，通过阅读法律书籍、观看在线课程等方式，自主学习相关法律法规，不断拓宽知识面，提高法律素养。通过分析具体案例，加强对法律法规的理解和应用能力。关注工会维权成功案例，学习其中的法律适用和维权技巧。

三是实践应用。将学到的法律知识应用到实际工作中，如参与劳动争议调解、为职工提供法律咨询等，通过实践加深理解和记忆。

四是交流分享。与其他工会干部保持密切联系，共同交流学习心得和工作经验，分享法律知识和维权技巧。积极与法律顾问、律师等法律专业人士建立合作关系，遇到复杂或疑难的法律问题时，及时向他们请教和咨询。积极参加工会组织的学习培训班、法律讲座等活动，与其他工会干部共同探讨法律问题，提升法律素养和维权能力。

五是关注法律动态。及时关注国家法律法规的最新动态，了解新出台的法律法规和政策文件，确保自己的法律知识与时俱进。

二、内外兼修，提升劳动争议调解公信力

提高工会劳动争议调解能力的途径是多方面的，旨在增强工会在处理劳动争议中的专业性、效率和公信力。

一是提高法律素养，强化依法维权意识，提高学法用法能力。积极组织、参加专业的法律培训课程或讲座，深入学习劳动法律法规及相关司法解释，精准理解其内涵与适用范围，构建起扎实的法律知识体系，为处理劳动争议调解工作提供坚实的理论支撑。

二是提升劳动争议调解能力。积极与企业有关部门沟通协商，成立职代会劳动争议调解委员会，引导企业建立健全内部调解机制，共同预

防和处理劳动争议。

三是加强宣传引导，通过媒体宣传、现场咨询等方式，营造良好氛围，提高职工知法守法的法律意识，提升工会参与劳动争议调解工作的传播力、影响力，提高企业和职工双方对工会调解工作的认知度和信任度。

四是运用现代科技手段，建立在线调解平台。利用互联网和移动通信技术，建立在线调解平台，实现远程调解和视频调解等功能，提高调解工作的便捷性和有效性。

五是健全完善企业民主管理机制，切实落实职代会各项职权及集体协商制度，打通日常工作中职工反映诉求的通道，努力将问题消灭在萌芽状态，减少劳动争议案件的发生。运用大数据技术对劳动争议案件进行统计分析，发现规律性和趋势性问题，为调解工作提供数据支持和决策参考。

三、多措并举，提高工会社会资源整合能力

一是加强内部资源整合，提高工会工作的整体效能。一方面加强工会干部自身队伍建设，通过学习培训，健全和完善专兼职工会干部的知识体系、知识结构，学习和掌握心理学基础知识和基本技能，学习掌握新媒体、新方法等相关技术手段，提升用心理学、新技术、新方法赋能和助力工会工作的本领和能力。另一方面建立本单位爱心服务志愿者队伍，通过招聘、选拔、培训、建设和管理，培养一批有爱心、有热情、有基础专业能力的爱心服务志愿者，协助工会组织在一线、班组、车间传播正能量，识别和发现职工情绪风险，共同构建企业关爱职工心理服务体系，在开展职工心理关爱服务中发挥作用，扩大影响，培养职工的良好心态，提高心理承受力。

二是用好社会力量，强化与相关专业机构和社会组织的合作，共同开展职工服务活动。通过资源共享、优势互补，提高服务职工的水平和质量。围绕职工和企业发展需要，共同策划和实施一批职工服务项目。例如，开展职工技能培训、心理健康辅导、法律援助等活动，满足职工多样化需求。建立定期沟通交流机制，及时了解企业和职工的需求和反馈。通过加强沟通交流，增进彼此的理解和信任，为合作奠定坚实基础。

三是内外结合，以内为主。在充分利用外部力量加强和改善工会工作的同时，基层工会组织要不断强化自身队伍建设，通过专兼职工会干部和爱心服务志愿者不断学习提升助己助人能力，通过设计和组织丰富多彩、形式多样的各类活动，满足不同职工群体的需求，培养职工良好的社会心态，逐步打造出工会服务职工的系列品牌活动。

四是拓宽资源获取渠道，广泛整合人才资源、物资资源、信息资源等社会资源。通过引入社会力量和资源，增强工会服务职工的能力和水平。借助网络平台和新媒体矩阵，拓宽资源获取渠道和宣传途径。例如，通过工会官方网站、微信公众号、视频号、抖音等平台发布信息、开展活动，吸引更多社会关注和参与。

四、职工为本，提高工会维权服务供给能力

一是建立和完善职工群众需求调研与反馈机制，定期开展需求调研活动，及时了解职工的真实需求和期望。通过多种渠道收集职工的意见和建议，如设立意见箱、开展问卷调查、召开座谈会等。同时，建立快速响应机制，确保职工意见得到及时处理和反馈。

二是积极争取政府、企业、社会组织等多方面的支持和合作，整合各类资源为职工提供更加全面、专业的维权服务。例如，建立资源共享平台或联盟，实现资源的优化配置和高效利用。

三是鼓励和支持基层工会干部在服务创新方面进行积极探索和实践。例如，设立创新基金或奖励机制，激励基层工会干部提出新的服务理念和模式。

四是加强与互联网、大数据等技术的融合应用，推动工会维权服务的智能化、便捷化、个性化发展。例如，运用“三微一端”新媒体和“职工之家”APP 等，为职工提供更加便捷、高效的服务体验。

五是引入专业力量参与工会服务活动，提高服务专业性和针对性。例如，与律师事务所合作开展法律援助服务、与心理咨询机构合作开展心理健康辅导等。

六是加强工会品牌建设，强化工会活动品牌意识，打造具有影响力的工会服务品牌。通过品牌建设，提高工会组织的凝聚力、吸引力、向心力，扩大工会活动的知名度和美誉度，吸引更多职工和社会各界关注、支持、助力和参与工会工作。

思考提升

请对以下问题进行客观的自我评价：

1. 能够熟练掌握《劳动法》《劳动合同法》《社会保险法》等职工权益保障法律法规，并能做到在实践中灵活运用。

2. 能够做好特殊群体如困难职工、女职工群体的维权服务工作。

3. 对职工群体的诉求能够积极回应。

4. 在解决劳资双方争议中能够处理好劳方与资方的关系。

5. 能够有效利用社会资源，如通过与政府部门、法律援助机构等的合作，来增强维权服务能力。

6. 积极探索新的维权服务模式和方法，如利用互联网技术提供线上维权服务等。

7. 善于处理劳动者权益纠纷、提供法律援助、开展劳动保护等，能有效保障劳动者权益。

8. 善于通过发放调查问卷、召开座谈会等方式掌握职工群众对工会维权服务的满意度，了解职工群众的实际需求和期望。

延伸阅读

北京东城区总工会“护薪·安心·暖人心”
建立常态化“根治欠薪”治理体系

北京东城区总工会落实全国总工会常态化治理欠薪工作部署，建立线索预警排查、工会帮扶服务、案件联动处置、普法宣传教育有机统一“四步法”工作机制，让劳动者感受到工会“娘家人”的温暖，是基层工会探索出的典型做法。

“四步法”工作机制的实施分为三个阶段：

一是探索成型阶段。通过“预警排查”发现隐患，结合法律服务、联动调处和宣传教育，形成治理欠薪“四步法”闭环治理机制。

二是体系完善阶段。整合资源构建常态化治理模式，精准响应职工诉求。

三是品牌提升阶段。深入开展法律宣传，提升企业依法用工自觉性，充分发挥工会事前监督防范的基础性作用。

“四步法”工作机制的主要内容有：

一是开展源头“预警排查”。特殊敏感时期主动介入企业及时发现处置欠薪隐患，坚持“日报告、周汇总、月统计”工作方法，形成动态监督机制。全年开展“日报告”60余天，摸排企业6000

余家。

二是提供工会精准服务。充分发挥东城工会公众号、调解热线、工会劳动关系舆情监测平台和 12351 职工服务热线等载体作用，及时回应职工诉求，积极提供精准法律服务，全年提供法律咨询和解答 6000 余人次。

三是多部门联动形成合力。依托劳动争议调解联动机制，建立与相关政府部门、基层工会组织纵向联动、横向互通的合作机制，形成齐抓共管的治理局面。

四是深入开展宣传教育。深入社区、物业、工地、广场等地重点宣传工资支付等法律法规，增强用人单位依法用工意识，提升职工依法维权能力，全年开展法律服务覆盖职工 6 万余人次。

“四步法”工作机制取得了一定成效：

一是工作机制实现新突破。以“四步法”工作机制为核心，进一步明确工作流程，工作更加系统化、规范化。

二是“护薪”意识不断增强。通过多层面宣传，企业依法用工意识逐步增强，职工依法理性维权理念深入人心。近三年来，区总工会劳动争议调解的受案量占区仲裁受案量比例从 30% 提升至 36%。

三是促进劳动关系和谐稳定。区、街道、企业工会不断畅通维权渠道，职工欠薪问题获得及时处理，有效化解劳动关系领域的风险隐患。

湖南岳阳楼区总工会以“12351+”劳动争议调解跑出职工维权服务加速度

湖南岳阳楼区总工会积极探索“群英断是非”工作法与“工会 +

法院 + 人社 + 社区”工作深度融合，构建“12351+”劳动争议调解联动机制，拓宽维权服务渠道，提升服务职工效率，切实有效维护职工合法权益。

一是织密网格，打好“提前量”。社区成立 680 个网格工会小组，在 52 家企事业单位设立劳动法律监督委员会，聘请 152 名劳动监督员。通过维权网格前置、工会干部主动出击等措施，开展降薪欠薪、合同纠纷等突出问题调处，当好企业与职工沟通的桥梁纽带。

二是创新机制，当好“减压阀”。在基层工会推行“群英断是非”工作法，组织律师、退休劳模等成立行业性“群英谱”，实现“行业纠纷行业解”，引导企业和职工交流，群策群力，开出方子，对症下药，将问题化解在基层一线。

三是维护权益，跑出“加速度”。高度重视 12351 工会服务职工热线平台作用，落实“联络员接单—调解员问诊—律师把关—专员办理—联络员回复反馈”的闭环工作流程，提升工单处置速度，及时为职工排忧解难。

岳阳楼区总工会依托“12351+”机制创新已成功调处薪酬纠纷 10 余起，其中成功调处岳阳籍职工和辽宁某公司的跨省劳资纠纷案例被中工网、《湖南工人报》等媒体推介。

中铁通号集团通号工程局工会打造“零距离”全方位服务关爱女职工体系

中铁通号集团通号工程局工会打造“零距离”全方位服务关爱女职工体系，聚焦女职工所需所盼真情实意送关怀，做实做细“她”服务；紧扣中心任务搭建女职工成长成才舞台，精心守护“她”成长，凝聚企业高质量发展的巾帼力量。

一是关爱维权“零距离”。严格监督集体合同履行，开设“情系女职工、法在你身边”讲座、“家事法务咨询室”等，撑起女职工合法权益“保护伞”；精心打造私密舒适的母婴场所，提供“两癌”筛查服务，举行心理辅导讲座及健康义诊，筑起关心关爱女职工的温馨港湾。

二是文化服务“零距离”。满足女职工精神文化需求，开展“玫瑰书香”等读书交流活动90余场，推荐书籍600余部，30余件读书作品获得全国、全路等各级奖项。举办手工制作、花艺烘焙、户外踏青等多种活动，积极创建“通号最美家庭”，举行“员工家庭日”关怀活动。

三是守护成长“零距离”。深化巾帼示范作用，组织集中观看“百名巾帼劳模宣讲”、中国妇女十三大精神宣讲。举行“奋进新征程”巾帼建功主题劳动竞赛，一人获评全国铁路先进女职工工作者，一个集体被评为全国巾帼文明岗，一名巾帼科技工作者获铁道学会科学技术一等奖。

第三节　构建和谐劳动关系能力

情境导入

情境一：工会源头参与不足，纠纷处理陷被动

某企业计划引进新生产线，调整车间布局。工会未参与企业规划初期决策，未能调研职工工作环境和劳动强度，也未收集职工对新生产线的意见。企业单方面制定方案，未与工会沟通协商，新生产线引进后，也未提前安排职工参加新设备操作培训。新生产线投产后，职工因岗位不适配、缺乏技能和安全防护知识，工作效率低下，工伤事故频发，导致劳动关系紧张，职工对企业和工会的满意度大幅下降。

情境二：危机应对能力不足，劳资双方争议难化解

某大型企业因市场变化和经营策略调整，决定进行大规模裁员。但企业未能建立完善的企业民主管理制度，在裁员过程中，未能与职工充分沟通，也没有提供合理的补偿方案，导致职工强烈不满，纷纷向工会投诉并寻求帮助。

在这个场景中，工会面临着重大的危机处理挑战。但由于工会危机处理能力不足，问题频出。一是响应迟缓，工会未能及时收集到职工的投诉和诉求，导致信息滞后。在得知裁员事件后，未能迅速组织力量进行调查和核实，错失了早期介入的时机。二是沟通不畅，工会与企业管理层之间的沟通渠道不畅，无法及时传递职工的意见和关切。工会与职工之间的沟通也存在障碍，未能有效解释企业的立场和工会的作用，导致职工对工会失去信任。三是资源调配不当，工会未能合理调配现有的法律、心理咨询等资源，为职工提供及时有效的援助。在处理劳动争议时，工会缺乏必要的资金和人力支持，无法为职工提供充分的法律代表和谈判力量。四是处理策略不当，工会在处理劳动争议时缺乏明确的策略和计划，导致行动混乱无序。未能与政府部门、社会组织等外部力量有效合作，共同应对裁员危机。五是后续跟进不足，在裁员事件得到初步处理后，工会未能继续跟进职工的后续安置和再就业问题，也未能对裁员事件进行深入的总结和分析，为今后的危机处理提供经验和教训。

情境三：沟通协调机制不健全，职工权益易受损

协商议题设定不合理，未能充分反映职工诉求。某企业工会在组织集体协商时，协商议题主要由企业管理层提出，忽视了广泛听取和收集职工的意见和建议的重要性，导致协商议题未能充分反映职工的实际诉求，如工资增长、福利待遇改善、工作条件优化等关键问题未能纳入协商范围。职工对协商结果不满意，认为工会未能有效维护其合法权益。

协商过程中沟通不畅，信息不对称。在某次集体协商中，工会方与企业方在协商前未能进行充分沟通和信息交流，导致双方在协商过程中对某些关键问题的理解存在偏差。例如，在关于职工加班补偿的问题上，企业方认为已经按照国家规定支付了加班费，而职工方则认为加班补偿标准过低且计算方式不合理。由于沟通不畅和信息不对称，双方难以达成共识，协商进程受阻。

协商代表专业能力不足，难以有效维护职工权益。某企业工会在选举协商代表时，未能充分考虑代表的专业能力和协商经验，导致在协商过程中，面对企业管理层提出的专业性问题和复杂情况，协商代表难以做出有力回应和有效谈判。这不仅未能充分维护职工的合法权益，也削弱了工会在协商中的地位和影响力。

协商结果执行不力，缺乏有效监督机制。经过多轮协商，某企业工会与企业方就职工工资增长、福利待遇改善等问题达成了共识，并签订了集体合同。然而，在合同执行过程中，企业方未能按照约定履行相关义务，如拖延支付工资增长部分、减少福利待遇等。工会方由于缺乏有效的监督机制和执行手段，难以确保协商结果的落实和执行，导致职工权益受损。

能力构成

基层工会干部应该具备的构建和谐劳动关系能力是指在遵守法律法规、尊重劳动者权益的基础上，通过组织建设、制度完善、沟通协调、服务保障等多种手段，有效促进劳动者与用人单位之间建立平等、尊重、合作、共赢的劳动关系，从而维护社会稳定、促进经济发展的能力。劳动关系的和谐，关系企业的发展和职工利益的实现，关系社会和谐稳定与发展进步。曾经，邳州木制品行业职工流动率一度居高不下，经过连续多年开展集体协商，职工年流动率下降，劳动争议锐减，行业年产值不断攀升，实现了促进行业发展和维护职工权益的双赢局面。2023 年 12 月，邳州市召开了第十八次木制品行业集体协商会议。在顺丰工会，“工会热线、工会官微、工会代表、走访谈心、直通车调研”五大职工沟通平台十分受快递小哥欢迎。在这里，忙碌的快递小哥能够享受到 7 × 24 小时的工会服务，随时随地参与工会活动，并即时表达个性化诉求。工会组织作为职工合法权益的代表者和维护者，是企业和职工之间的“润滑剂”，在推动企业和谐劳动关系构建中能够发挥不可替代的作用。

基层工会干部的构建和谐劳动关系能力从评价指标上可以具体分为源头预防能力、危机应对能力、协商协调能力、民主监督能力这四个维度。

源头预防能力，即基层工会在构建和谐劳动关系过程中，通过一系列前置性、预防性的措施和手段，有效预防和减少劳动争议和冲突的发生，从而维护劳动关系和谐稳定的能力。在情境一中，工会源头参与不足。工会作为职工利益的代表，本应在裁员决策过程中发挥源头参与的作用，然而，在本案例中，工会未能充分履行这一职责，导致在裁员决策初期就处于被动地位。面对企业的裁员计划，工会未能及时听取和收集职工意见，迅速建立有效的协商机制，与企业就裁员方案、补偿标准、职工安置等关键问题进行深入沟通和谈判，进一步加剧了企业与职工之间的矛盾和冲突。

基层工会存在源头参与能力不足的问题，究其原因主要有四点：一是企业民主管理机制不健全。领导决策中缺乏职工民主管理意识，导致在决策程序上出现重大错误，为建立和谐劳动关系埋下隐患。二是工会主动参与意识不强。基层工会干部对涉及职工切身利益的重大问题缺乏敏感性、敏锐性，在源头参与过程中缺乏主动意识、维权意识，习惯于自上而下部署工作、安排任务、下达指标，而不是积极主动地参与决策和协商过程。这种被动的工作方式导致基层工会在维护职工权益、参与政策制定等方面缺乏前瞻性和主动性。三是沟通机制不畅。基层工会与企业管理层之间的沟通机制不畅，信息获取渠道有限，导致工会在源头参与过程中难以及时、准确地获取相关信息。发现问题没有及时提出、及时予以纠正。同时，基层工会与职工之间的沟通也存在不足，不能及时、全面、准确地了解和发现职工的诉求及关注的热点、焦点问题，降低了维权的底气和勇气，从而影响了源头参与的效果。四是资源支持不足。基层工会在源头参与过程中需要足够的资源支持，包括人力、物力、财力等方面的投入。然而，在一些地区和单位，由于资源有限或分配不均等原因，基层工会在源头参与工作中难以获得足够的支持，一定程度上影响了工作的有效开展。

危机应对能力，即基层工会在面对突发事件、劳动争议、职工权益受损等危机事件时，展现出的组织、协调、处理及预防等方面的综合能力。在情境一中，工会危机应对能力不足，裁员事件最终演化为一场持久的劳动争议，对企业和职工都造成了极大的损害，这也暴露出工会在危机预防、响应、沟通和资源调配等方面存在问题。

提升工会危机应对能力的重要性有五点：

一是维护职工的合法权益。工会作为职工的代表，其核心职责之一是维护职工的合法权益。在危机事件中，如企业裁员、劳动争议、安全生产事故等，基层工会干部应具备强大的危机应对能力，能找准定位，迅速有效地介入，及时了解职工的想法和诉求，及时与企业管理层沟通、协商，坚持维护职工权益，必要时为职工提供可能的法律援助、心理疏导和支持，确保职工的权益不受侵害。

二是维护社会稳定。出现劳动争议事件时，工会要充分发挥桥梁纽带作用，及时畅通职工与企业的沟通渠道，发现和了解劳资双方劳动争议的焦点及主要问题，协助提出协商解决的建议方案，及时化解劳动争议，有效防止矛盾激化和事态升级，从而维护企业和社会的和谐与稳定。

三是增强工会凝聚力与影响力。基层工会在危机中的表现直接影响其在职工心中的形象和地位。若工会能迅速、有效地应对危机，化解矛盾，为职工提供实实在在的帮助，就能增强职工对工会的信任和归属感，进而提升工会的凝聚力和影响力。

四是促进企业可持续发展。工会与企业是共生共荣的关系。工会若能妥善处理危机，平衡企业与职工之间的利益，就能为企业创造一个和谐、稳定的劳动环境，这有助于提升企业的生产效率和竞争力，进而促进企业的可持续发展。

五是提升工会自身的专业性和服务水平，通过不断学习和实践，工会可以积累丰富的危机应对经验，并尽快建立应对劳动争议发生时的工作预案，在日常工作中注重提升解决劳动争议的专业素养和工作水平，使工会在未来的工作中更加得心应手，为职工提供更加优质、高效的服务。

协商协调能力，即基层工会在履行职责过程中，通过有效的沟通、谈判和协调手段，处理职工与企业之间、工会与企业之间以及工会内部的各种关系，以维护职工合法权益、促进企业和谐稳定发展的能力。集体协商是构建和谐劳动关系的重要制度安排，作为事前维权的最有效手段，对构建和谐劳动关系起到基础性作用。但基层工会协商协调能力不足的问题依然存在，与党和国家对这项工作的要求以及职工群众的期盼还有一定的差距。集体协商机制的作用发挥没有预想的那么好，不是制度本身的问题，而是因为在具体的实施过程中存在的一些问题制约了其作用的发挥。

一是工会干部“不敢谈”的现象还比较普遍。在企业开展工资集体协商中，由于职工方协商代表隶属于企业行政，既是企业员工，又是职工代表，双重身份的工会干部在代表职工进行集体协商时，有顾虑是可以理解的。

二是一些工会干部“不会谈”。由于一些基层工会干部对企业生产经营等情况缺乏透彻的了解，加之经验技巧不足，因而“不会谈”或者谈起来“力不从心”的问题也比较普遍。当然，也应看到，“不会谈”并不完全是由于企业工会干部自身素质不过硬引起的，一定程度上也是因为现行制度对开展集体协商的刚性约束不够，很多时候“谈不谈”“怎么谈”以及“谈到什么程度”并不能完全由基层工会干部说了算，特别是由于缺乏大量具体的谈判实践，基层工会干部自然很难真正提高自己的协商能力。

三是支撑开展工资集体协商的信息资源不足，劳资双方占有信息资源不对称。目前，社会主义市场经济条件下，企业工资决定制度相关的工资指导线、劳动力市场指导价位的制定和发布，与现实的要求还有较大差距，还不能满足不同岗位、不同工种、不同行业、不同所有制用人单位决定劳动定额和工资水平的需要。占有信息资源不对称，也在很大程度上影响了工会代表职工进行工资集体协商的水平和质量。

民主监督能力，即基层工会依法对企事业单位执行民主管理制度和劳动法律法规的情况进行监督时所展现出的能力。这种能力包括了对民主管理制度执行情况的监督，对劳动法律法规遵守情况的监督，以及代表职工与企业、事业单位进行交涉和调查的能力。工会民主监督能力的强弱直接影响到职工权益的保障和企业民主管理的水平，是工会组织维护职工合法权益、促进企业和谐发展的重要手段。基层工会组织在民主监督方面能力不足，主要原因有三点：

一是制度不健全与执行力不足。部分企业的工会民主监督制度不够完善，缺乏具体的操作细则和程序规范，导致工会在实施监督时缺乏明确的指导和依据。即使有了相对完善的制度，但在实际执行过程中，由于各种原因（如管理层干预、资源不足等），基层工会的民主监督往往流于形式，无法真正发挥作用。

二是独立性不足与专业能力欠缺。部分企业的工会组织在人员、经费等方面依赖于企业管理层，导致工会在开展民主监督时难以保持独立性和客观性。一些工会干部在民主监督方面的专业知识和技能不足，难以有效识别和应对企业存在的问题和风险。

三是监督意识淡薄与监督渠道不畅。部分企业管理层对企业职工民主监督的重要性认识不足，缺乏主动接受监督的意识和意愿。一些企业的民主监督渠道不够畅通，没有按规定建立健全企业职工代表大会制度、厂务公开制度及民主协商集体合同制度等，职代会职权落实情况、集体合同签订、履行、检查、监督工作履行要求考核不多、不严，与企业党建工作、企业管理工作“两张皮”，业绩考核没有挂钩，难以真正获得党委领导和相关部门的支持，影响监督效果。

培养路径

习近平总书记立足党和国家工作全局，明确提出“构建中国特色和谐劳动关系”这一重大命题，深刻阐述构建和谐劳动关系的指导思想、工作原则、政策措施等一系列重大问题。在地位作用上，强调构建和谐劳动关系是增强党的执政基础、巩固党的执政地位的必然要求，对于实现党和国家长治久安具有重大意义。在工作原则上，强调要坚持以人为本，坚持促进企业发展和维护职工权益相统一。在目标任务上，强调要最大限度增加和谐因素、最大限度减少不和谐因素，引导劳动关系朝着规范有序、公正合理、互利共赢、和谐稳定的方向健康发展。在工作重点上，强调要更多关心、关爱农民工，把快递员、送餐员、卡车司机等灵活就业群体吸引过来、组织起来、稳固下来。在组织领导上，强调要健全党政主导的维权服务机制，完善政府、工会、企业共同参与的协商协调机制。这些要求为如何提升基层工会干部这方面的能力给出了重要遵循。

一、增强源头参与，建立风险评估预警机制

一是组织学习培训。通过定期举办学习班、培训班，邀请专家学者

讲解源头参与的重要性、方法技巧等，提高工会干部和成员对源头参与的认识和理解。职工代表大会制度是工会源头参与、切实维护职工合法权益的重要途径和机制保障，是企业经营管理者与劳动者在内的全体职工通过职工代表大会实行民主管理所必须共同遵守的一整套运行规程和活动准则。涉及职工切身利益的重大问题必须经职代会或职工民主管理联席会审议决定。因此，工会在企业制定、修改或者决定涉及劳动者切身利益的规章制度或者重大事项时，应当及时提醒相关部门正确履行职工民主管理程序，通过民主管理程序，既充分宣传企业或行业的新政策、新主张，也充分听取和吸收职工群众的意见，确保劳动者的合理诉求得到充分考虑和体现，从源头上减少劳动争议的隐患。

二是建立激励机制。对在源头参与中表现突出的基层工会组织、基层工会干部给予表彰和奖励，树立榜样和标杆，并宣传在源头参与中取得成功的典型案例，保护和激发基层工会干部坚持源头维护的热情与勇气，进一步提高基层工会干部源头参与、维护职工权益的能力。同时，将源头参与工作纳入基层工会干部的绩效考核体系，作为评价其工作业绩的重要指标之一。

三是建立风险评估与预警机制。定期对企业劳动关系状况进行评估，及时发现和识别潜在的劳动关系风险点。针对评估出的劳动关系风险点，工会采取相应的预警措施，提醒企业和职工注意防范风险，避免劳动争议的发生。

四是关注热点难点问题。要加强调查研究，定期开展职工思想状态调查，及时了解和掌握职工思想动态，并形成调研报告，提出意见和建议，供领导决策参考。畅通信息渠道，对影响职工队伍稳定的问题做到及早发现、及早介入、及时报告，努力把矛盾化解在萌芽状态。

二、坚持防治并举，持续提升危机应对能力

“基层强则国家强，基层安则天下安。”基层是防控风险、排查隐患和应急处置的最前沿，基层应急管理是国家应急管理的重要组成部分，也是国家治理体系和治理能力现代化建设的重要内容。习近平总书记高度重视基层应急管理工作，强调“维护公共安全体系，要从最基础的地方做起”，“要把基层一线作为公共安全的主战场”。2024 年 2 月 19 日，习近平总书记主持召开中央全面深化改革委员会第四次会议，审议通过《关于进一步提升基层应急管理能力的意见》，为推动应急管理工作力量下沉、保障下倾、关口前移，筑牢安全底板，守牢安全底线，指明了努力方向。

一是建立健全危机预警机制，建立多渠道的信息收集系统，包括职工投诉、社交媒体监测、行业动态跟踪等，以便及时发现潜在的危机因素。对收集到的信息进行定期分析，评估可能发生的危机类型、规模及影响，为制定应对策略提供依据。

二是加强工会危机应对能力培训，定期对工会工作人员进行危机管理、劳动法律、心理疏导等方面的培训，提升其专业素养和应对能力。建立由法律、心理、劳动关系等领域的专家组成的顾问团队，为工会应对危机提供专业指导和支持。

三是加强危机后的总结与反思，在危机应对结束后，及时对危机应对过程进行总结评估，提炼经验教训。根据总结评估结果，不断完善危机预警机制、应对策略和资源配置等方面的工作，提升工会危机应对能力的整体水平。

四是提升响应速度，建立快速响应机制，确保在接到职工投诉或发现危机迹象时能够迅速行动。建立首接负责制，设立专门的危机处理团

队，负责在危机发生时迅速组织力量进行调查和核实，并制定应对策略。

三、完善制度体系，提升集体协商质量水平

一是因企制宜抓好集体协商重点内容。针对各行各业的劳动关系实际情况进行集体协商分类指导，并根据各自企业用工的特殊性，确定集体协商的重点内容，不仅做到“真谈、真协商”，还要进一步做到从“真协商”到“好协商”。例如，互联网平台企业集体协商的重点内容可以包括平台工人的分类界定问题、职业安全健康保障问题与服务费提取问题等内容，把解决平台工人的生存问题、提供生活便利作为起步，采取迂回策略，向劳动关系确认、社会保险等核心问题分步推进，逐步挺进。又如，对产业技术工人、新就业形态劳动者群体要积极探索推进能级工资集体协商，重在协商内容和协商成效的提升，健全产业工人技术创新和工作能级等参与分配的机制。根据企业（行业、区域）的特点和实际对协商内容进行深化、细化、量化，制定符合本企业（行业、区域）特点的能级工资体系。通过协商，实现本企业（行业、区域）内具备高技能的职工工资收入水平明显提升。

二是加强企业和职工集体协商的法律意识。平等协商集体合同制度是一种“源头维护”的制度安排。在宏观层面就是完善协调劳动关系的三方机制——社会协商机制。代表政府的劳动行政部门、代表劳方的工会、代表资方的工商联或行业协会等，就涉及劳动关系的一系列重大问题，如职工的劳动报酬、工作时间、休息休假、劳动安全卫生、保险福利、学习培训等事项，经过平等协商、谈判，达成共识，订立集体合同，并组织、领导、检查、督促合同的履行。在微观层面，具体到一个企业，就是由企业行政、工会组成平等协商集体合同领导小组，吸收有关部门负责人参加，负责签订集体合同的领导、组织、监督、检查等工作。集

体合同是规范劳动关系双方权利义务的重要法律文件，是对员工最基本权益的规范性和兜底性保障。就效力来说，集体合同效力高于劳动合同。工会要通过电视、网络、微信、报刊等方式对企业和职工宣传普及开展集体协商的目的、程序、内容等相关法律知识，组织举行集体协商竞赛等方法，提高企业和职工参与的积极性。耐心细致做好宣传动员工作，让集体协商内容、作用、流程等逐步深入人心，转变职工思想，变被动协商为主动协商，破除企业不愿协商、职工不敢协商的障碍。

三是增强基层工会干部集体协商能力。在当前的集体协商工作中，还面临着工会干部协商能力、专业知识不足而带来的难以协商不会协商的问题。为了提升基层工会干部集体协商能力，必须加强对基层工会干部的培训工作，同时在组织集体协商的过程中，把握以下六个方面内容：一要充分发挥好工会组织在平等协商中的重要职责，合理提出并推进集体协商工作。二要做好平等协商前的充分准备。通过对前期集体合同的履行情况检查，了解职工群众反映突出的涉及职工群众切身利益的热点、难点及重点问题，努力提到协商会上，争取进入合同条款。三要把握平等协商中的策略与技巧。熟悉有关法律法规，熟悉企业规章制度，形成与行政协商谈判的素质和能力。事先同劳资、干部、安质、社保等相关部门就有关条款内容充分沟通，取得一致意见，避免未达成共识就提交会议，形成“死档”。四要掌握集体合同起草主动权。把职工希望关注和解决的事项写进合同文本，然后再逐个沟通、协商，逐步解决。因事先情况掌握不透彻，拿不准但又需要解决的问题，可以转为大会提案，督促企业解决。五要特别关注集体合同核心条款，尤其要注意一些难点问题，要通过平等协商进入集体合同，进而推动问题的解决。六要加强集体合同的履行情况检查，维护集体合同的权威性、严肃性。

四、规范制度建设，增强民主监督质效能力

一是规范职工代表大会制度。坚持企事业单位改制方案提交职工代表大会审议，职工安置方案、集体合同草案等涉及职工切身利益的重大事项提交职工代表大会审议通过，指导企事业单位严格履行民主程序，落实好职工代表大会的职权，企业重大决策必须通过厂务公开听取职工意见，并提交职工代表大会审议。进一步完善职代会议案预告制度、职代会“票决制”，以及各专门委员会（工作小组）工作制度和决议落实制度，建立健全职工代表选举、述职评议、巡查检查、培训和津贴制度。

二是深入开展创建企事业单位民主管理示范单位活动。把企事业单位民主管理的有关政策、法规和制度等，细化为可行的操作办法和考核评价标准，并根据企业发展的实际情况及时加以修改完善，建立健全监督考核评价机制，形成有效的闭环管理体系。

三是围绕做好“六稳”工作、落实“六保”任务，持续深入开展“公开解难题、民主促发展”主题活动，紧密结合经济社会发展情况和企事业单位实际，把企事业单位发展过程中遇到的困难和原因向职工讲清楚，更好地凝聚职工的智慧和力量。

四是在坚持职工代表大会为基本形式的基础上，丰富职工代表大会闭会期间的民主管理活动，推动民主管理工作日常化、常态化，做到职工有呼声、企业有反馈，进一步提高职工参与率，使企事业单位民主管理在“互联网+”模式中更具有吸引力、影响力。

五是加大培训力度。把企事业单位民主管理工作纳入各地党校、行政学院和工会院校的培训内容，纳入企业经营管理者培训内容，引导企业经营者树立全心全意依靠职工办企业的理念，不断提高职工代表和工会干部依法履职、依法维权、依法参与企业管理的能力和水平。

思考提升

请对以下问题进行客观的自我评价：

1. 在职工和单位发生争议时，善于引导职工依法有序维权。

2. 对于职工提出的诉求，能够按协商机制或危机处理预案，组织相关部门人员及时予以解决。

3. 经常开展职工群众工作调研，了解职工所思所想所盼。

4. 能处理突发事件，有效化解危机。

5. 能够迅速判断形势、制定应对措施，有效协调各方，推动应急工作顺利开展。

6. 非常清楚什么样的事项应该提交职工代表大会审议。

延伸阅读

广东深圳盐田区总工会突出标准引领　创新五大品牌打造产业劳动关系社会协同治理新模式

针对劳动关系治理“最后一公里”问题，深圳盐田区总工会依托三方机制，打造港口物流产业劳动关系公共服务站。该案例创新点在于培育标准化综合劳动关系服务平台，形成“党建引领、多方共建、服务推动”的产业劳动关系协同治理模式。

2023年，盐田区港运工联会将培育“六有”标准港口物流产业劳动关系公共服务站站点列入盐田区委重点改革项目，坚持枢纽型、社会化、全链条的思路，开发七大类公共服务24项服务事项清单，形成全链条产品超市，面向企业和职工提供综合性劳动关系公共服务。

突出标准引领，赋能产业劳动关系治理新引擎。一是工作机制标准化，建立港口物流产业三方协调机制，定期召开会议，共同研讨行业劳动关系重大问题。二是制度建设标准化，出台先进企业评选办法，制定百人讲师团、和谐劳动关系使者、行业仲裁庭和调解委员会等相关规定。三是服务流程标准化，针对不同服务项目制定了精细化的标准化操作流程。四是供给机制标准化，实现资源上平台、专业力量聚平台、自治力量推平台、商业力量助平台。

创新五大品牌，开辟劳动关系公共服务新天地。一是设立产业劳动争议仲裁庭，“3+3”劳动争议化解模式被最高人民法院和全国总工会编入《劳动争议多元化解工作指南》。二是组建“百人讲师团”，开展大讲堂与精准普法培训活动。三是提供不定时工作制服务，协助企业完成不定时申报。四是确立智慧平台的制度标准，引导专业机构量身定做企业用工风险防控平台。五是打造工伤矛盾纠纷源头治理品牌，开展工伤预防课堂，联合保险公司制定工伤补充险等险种，提高企业和员工抗风险能力。

2024年，产业受理投诉举报案件人数同比下降17.24%，劳动争议仲裁案件宗数、人数均同比下降33.3%，基本实现了80%以上的劳动关系矛盾纠纷化解在行业内部的目标，确保行业劳动关系平稳可控，推动产业经济高质量发展。

山东济宁市海能电商园依托“九号议事”机制打通劳动关系治理“微循环”

针对城市商务楼宇数量多、企业聚集的实际，以及商务楼宇劳动关系治理“缺抓手、缺载体、缺平台”的问题，海能电商园创新设立楼宇劳动关系综合服务站，率先提出“楼宇自治”的理念，创新建立“九号议事”民主协商机制，探索出楼宇“自我管理、自我调解、自我服务”劳动关系治理新模式。

一是建阵地，议事有了新平台。劳动关系综合服务站创新推出楼宇“九号议事”协商机制，每月九号举办协商会议，企业和职工自主参与，当面沟通、一块商议，拉近了彼此之间的距离，畅通了对话交流渠道。

二是解难题，议事议出金点子。“九号议事”通过“有事你说、缺啥你提、有话咱问、有利咱享”，建立共商共建机制。“九号议事”实行“1+2”运行模式，“1”是1个总召集方，由楼宇党组织成员单位轮流担任；“2”是2个工作机构，即议事会和理事会。

三是列清单，议事构建大和谐。为保障“九号议事”有效实施，服务站建立了“共享资源”“企业需求”“服务项目”三张清单机制，将资源和需求精准对接，汇集资源解难题，提升服务助发展。

“九号议事”已举办协商会议10余次，议出了“人才夜市”“和为贵调解”等一批服务品牌，其中“人才夜市”有效解决了楼宇企业用工难问题，入选2020年山东就业“地方创新事件”。

上海新就业形态协商协调机制再添新样本
创新推出“途虎养车”全网职代会

上海市总工会指导推动“途虎养车”召开全国汽车服务行业（全网）职工代表大会，审议通过并现场签署《建立企业协商协调机制协议》，挂牌成立“途虎养车”工会劳动法律监督委员会和争议调解工作站，协商成果覆盖全国300多个城市、6000余家直营及加盟店的超过5万名在线技师。

一是优化协商双方代表构成，体现广泛性、代表性。职工方协商代表八人由全国七大片区工会选派组成，企业方协商代表六人由公司网管、人资、培训、法务等部门负责人组成。125 名职工代表来自全国七大片区，直营与加盟比例为 1∶1。一线职工代表达到 75.2%。

二是多项职工切身利益事项纳入员工手册，凸显协商实效。协商代表积极履职、充分协商，全网职工的劳动报酬、劳动保护、福利保障、工作奖惩、职业发展等涉及职工切身利益事项均纳入员工手册，给予职工与企业共同成长的稳定预期。

三是建立协商协调制度机制，助力企业与职工发展共赢。以“全网职代会＋民主管理专门委员会＋企业协商协调机制”的全新组织架构，通过分层级履职与经常性协商，畅通企业内部沟通渠道，更好地平衡企业发展与职工权益、决策管理与程序规范之间的关系，使职代会制度和协商协调机制更好促进企业实现高质量发展。

第四节　财务资产管理能力

情境导入

情境一：工会经费未足额收缴

某中型制造业企业，拥有职工数百人，按照《工会法》及相关规定，应按月全部职工工资总额的 2% 向工会拨缴经费。然而，在实际操作过程中，该企业并未能足额提取工会经费。该企业虽然按照一定比例提取了工会经费，但比例远低于法定的 2%。在计算工会经费提取基数（工资总额）时，该企业存在少计、漏计的情况。例如，未将部分奖金、津贴等纳入工资总额范围，导致提取基数偏低，进而影响工会经费的足额提取。工会活动经费紧张，部分职工活动因资金不足而无法正常开展或缩水。

某事业单位一名工会会员，其每月基本工资为 5000 元。根据《工会章程》及相关规定，工会会员每月应向工会组织缴纳本人每月工资收入的 0.5%（千分之五）作为会费，工资尾数不足 10 元的部分不计缴会费。在实际操作中，该会员每月仅被扣除了 15 元作为工会会费，明显少于按照基本工资 0.5% 应缴纳的 25 元，因此出现了未足额收缴的情况。

情境二：工会经费管理欠规范

预算执行与编制脱节。某工会年初编制了详细的经费预算，但在实际执行过程中，未对预算进行严格监控和调整，导致多项活动超支，而一些重要项目却因资金不足无法开展。这反映出该工会在预算管理上流于形式，缺乏科学性和严肃性。

预算调整不规范。某工会在年中因突发情况需要增加一项大额支出，但未按照规定的程序进行预算调整，而是直接从其他项目中挪用资金，导致预算执行混乱，无法真实反映经费使用情况。

支出管理不严格。某工会在一次活动中，未经严格审批程序，擅自将一笔大额经费用于购买与活动无关的物品，导致经费支出不合理，引起会员质疑。

账目管理混乱。某工会财务账目管理混乱，凭证装订不规范，科目使用不准确。在一次内部审计中，发现多笔经费支出无法提供有效的报销凭证和审批记录，给经费管理和审计带来极大困难。

内控制度不健全。某工会未建立严格的经费审批制度和报销流程，导致经费使用过程中存在大量的错误和舞弊行为。例如，一些会员通过虚假报销手段套取工会经费，严重损害了工会组织的利益。

工会负责人财务管理意识不强。某工会负责人对经费管理工作重视不够，缺乏必要的财务管理意识和能力。在一次活动中，因未对经费进行合理规划和监控，导致活动经费严重超支。

情境三：工会经费违规使用

违规发放购物卡。某县市场监督管理局分别以年度工会活动、职工生日蛋糕购买和法定节日慰问等形式，违规使用工会经费购买发放超市购物卡。

违规审批。经某区招商局办公室主任科员兼某房地产开发公司党支部书记、负责人批准，该公司先后四次以工会活动为名，向参加活动的职工发放现金福利。

违规公款吃喝和违规发放津补贴。某市自来水公司组织 65 名员工以春节联谊会的名义进行聚餐，餐费从工会经费中开支。此外，该公司向全体员工发放洗衣券，年度发放员工工会福利价值达每人 2000 元，超出规定标准。

能力构成

基层工会干部应该具备的财务资产管理能力是坚持正确使用方向，根据经费独立原则，按照预算、决算、资产监管和经费审查监督制度，收好、管好、用好工会经费的能力。工会经费是工会组织开展各项活动所必需的财力支撑，是工会开展工作、履行各项社会职能的物质基础。管理好工会资产和工会的企业、事业，保护工会资产不受损害，促进工会资产保值增值。能否收好、管好、用好工会经费，关系到工会组织能否更好地维护职工的整体利益，关系到工会组织能否全面地履行各项社会职能。

基层工会干部的财务资产管理能力从评价指标上可以具体分为收好工会经费能力、管好工会经费能力、用好工会经费能力三个维度。

收好工会经费能力，指工会组织通过各种合法、合规的方式，确保会员会费、行政拨缴经费等工会经费足额、及时收缴。工会经费是工会组织开展各项工作的经济基础。收好工会经费，可以确保工会有足够的资金来支持其日常运营和各项活动，从而保障工会的正常运转和职能的充分发挥。工会是职工权益的代表者和维护者。收好工会经费，可以为工会提供必要的经费支持，使其能够更好地为职工提供法律援助、调解劳动争议、开展职业培训等维权服务，切实维护职工的合法权益。收好工会经费，不仅可以为工会当前的工作提供资金保障，还可以为工会事业的发展积累资金，有助于工会更好地规划和发展长远项目，推动工会事业的持续健康发展。收好工会经费，可以让工会更有能力组织各种职工活动，如文艺演出、体育比赛、技能竞赛等，这些活动有助于增强职工的归属感和凝聚力，促进劳动关系的和谐稳定。但正如情境一中的场景描述，实际工作中，工会经费存在行政拨缴经费不到位、会员会费收缴困难和收缴渠道不畅等问题。部分基层工会由于各种原因，未能按时足额收缴工会经费，导致经费收入减少，影响工会工作的正常开展。部分单位存在截留、挪用工会经费的情况，导致应上缴的经费未能及时足额到位。

基层工会经费收缴问题产生的原因主要有以下四点：

一是部分用人单位和会员对工会经费收缴的重要性认识不足，缺乏缴纳经费的积极性和主动性。

二是一些基层工会在工会经费收缴方面缺乏完善的制度和流程，导致收缴工作难以规范开展。例如，没有建立明确的收缴标准和程序，或者收缴流程不透明、不公开，影响了经费的及时足额收缴。

三是基层工会组织与用人单位之间在经费收缴方面缺乏有效的沟通协调机制，导致收缴过程中出现信息不畅、配合不力等问题。

四是部分用人单位由于经营困难或资金紧张等原因，面临较大的经济压力，难以按时足额缴纳工会经费。

管好工会经费能力，指工会组织对收缴上来的工会经费进行有效管理的能力。工会的生存和发展离不开工会经费的有力支撑。工会经费是工会开展各项活动、履行各项职能的物质基础，只有管好工会经费，才能确保工会工作的正常开展。通过科学管理工会经费，可以对经费使用全过程进行把控，剔除低效或无效的支出，提高经费使用效率，使有限的资金发挥更大的作用。管好工会经费，确保经费使用的公开透明，可以增强工会在职工中的公信力，提升工会的形象和地位。实际工作中，基层工会干部在经费管理方面需要注意以下问题。

一是避免预算管理不到位。部分基层工会的预算编制缺乏科学性，往往凭估计进行编制，未能充分考虑工会活动的实际需求和发展规划。一些基层工会在预算执行过程中缺乏刚性约束，经常出现超预算支出或无预算支出的情况，导致预算形同虚设。

二是杜绝支出管理不严格。部分基层工会存在支出不合理、审批不严格、报销不规范等问题，如将工会经费用于与工会无关的活动或支出。

三是谨防内部控制和监管不足。部分基层工会内部控制制度不完善或执行不力，无法有效防范和纠正经费管理中的错误和舞弊行为。对工会经费的监管力度不足，导致无法及时发现和纠正经费使用过程中存在的问题。

四是切忌财务人员素质不高和工会负责人意识不强。部分基层工会财务人员缺乏专业的财务知识和技能，难以胜任经费管理工作。部分工会负责人对经费管理工作重视不够，缺乏必要的财务管理意识和能力。不重视工会经审工作，对工会经费使用未建立有效的监督管理制度，工会经费审查委员会（经费审查小组）未发挥应有作用。

用好工会经费能力，指工会组织在经费使用过程中所展现出的效益最大化能力。合理使用工会经费，可以为职工提供必要的服务和活动，如职工培训、文化娱乐等，提升职工的获得感和幸福感。工会经费的有效使用，有助于增强工会组织的凝聚力和影响力，推动工会组织的健康发展。但一些基层工会组织在使用工会经费时存在违规违纪问题。一是资金使用不透明，一些基层工会组织在资金使用上缺乏透明度。会员难以了解资金的具体使用情况，容易导致财务管理不规范。二是财务管理不规范。一些基层工会组织在财务管理方面存在弄虚作假、挪用经费等现象，严重损害了工会组织的形象和会员的利益。三是职工权益维护不到位。一些基层工会组织未能充分发挥使用经费维护职工权益的作用，导致一些会员权益得不到有效保障。四是民主参与度低。一些基层工会组织在经费管理使用过程中，未能充分发挥会员的民主权利，导致会员对工会经费使用不够满意。

培养路径

“财者，为国之命而万事之本。”习近平总书记对做好财政工作作出了一系列重大判断和系统部署，为做好新时代工会经费工作提供了科学指引和根本遵循。习近平总书记强调，要严肃财经纪律，把各方面资金管好用好。要切实履行好财会监督职能，推动财经纪律成为不可触碰的“高压线”。

一、巩固来源“收好”，确保工会经费收入持续稳步增长

一是加强宣传教育，提高用人单位和会员对工会经费收缴重要性的认识，增强缴费意识和积极性。企业向工会拨缴 2% 的经费是法律规定，也是企业财务税前扣除部分，是应尽的法律责任。基层工会应定期组织用人单位财务负责人和工会干部参加工会财务管理专题培训，讲解工会经费收缴的法律法规、政策规定和操作流程，提高基层工会干部对收缴工作的重视程度和操作能力。编印工会经费收缴宣传手册、海报等宣传资料，免费发放给用人单位和会员，普及工会经费收缴的相关知识，明确收缴标准和程序。

二是完善制度流程，建立健全基层工会经费收缴制度和流程，确保收缴工作的规范性和透明度。结合实际情况，制定工会经费收缴管理办

法，明确收缴范围、标准、程序和责任分工，为收缴工作提供制度保障。建立工会经费收缴台账，详细记录收缴情况，包括收缴时间、金额、方式等信息，确保收缴数据的准确性和完整性。建立健全工会经费使用定期审查制度（工会经审工作机制），对收缴的工会经费进行严格审核把关，确保收缴的合法性和合规性。同时，定期对收缴工作进行检查评估，及时发现问题并整改落实。

三是加强沟通协调，建立基层工会组织与用人单位之间的沟通协调机制，加强信息交流和配合协作。建立联席会议制度，定期召开会议，研究解决工会经费收缴过程中出现的问题和困难。通过信息共享、资源整合等方式形成工作合力推动收缴工作的顺利开展。开展工会经费收缴情况检查，对用人单位的工会经费计提、拨缴情况进行实地核查，督促用人单位按时足额缴纳工会经费。建立与用人单位的沟通反馈机制，及时了解他们的意见和建议，对合理诉求给予积极回应和解决，提高他们的缴费自觉和配合度。

二、完善机制“管严”，确保工会经费管理水平不断提升

一是加强预算管理，加强对基层工会主席及财务人员的预算管理培训，使其充分认识到预算管理在工会经费管理中的重要性，树立科学的预算管理理念。在编制预算时，充分考虑工会工作的实际需求和发展规划，结合上一年度经费使用情况和本年度工作计划，科学合理地编制预算。同时，加强对预算编制过程的监督和审核，确保预算的准确性和可行性。严格按照预算执行经费支出，不得随意调整预算或超预算支出。对于确需调整的预算项目，应按照规定程序进行审批和报备。

二是规范收支管理。加强对基层工会经费收支管理的制度建设，确保各项收支活动都符合财务管理制度的规定。例如，严格执行现金管理

规定、报销审批流程等。加强对基层工会财务人员的培训和教育，提高其专业素质和业务能力。鼓励财务人员参加相关资格考试和继续教育，不断提升自身水平。规范收支票据的开具、审核和保管工作，确保所有收支活动都有据可查、有证可依。对于不符合规定的票据，坚决不予报销入账。

三是完善内部控制和监管机制。结合工会工作实际情况，建立健全内部控制制度，明确各岗位的职责和权限，规范经费使用和管理流程。确保内控制度覆盖基层工会经费管理的各个环节和方面。加强对工会经费使用情况的内部监管力度，定期对下级工会经费使用情况进行检查和审计。坚持工会主席离任审计工作，对于发现的问题及时进行处理和整改，防止类似问题再次发生。充分发挥经费审查委员会的作用，加强对工会经费收支情况的审查和监督。确保经费审查工作独立、客观、公正地进行，为工会经费管理提供有力保障。

四是提升工会财务人员素质和履职能力，使其充分认识工会经费管理的重要性和必要性，熟悉和掌握工会财务管理相关规定。加强对工会领导和财务人员的财经纪律教育，使其牢固树立工会财务红线和底线意识。严格按照财经法规和工会财务管理各项规定做好经费管理工作，杜绝违法违规行为的发生。

三、履职尽责“用实”，确保工会经费使用效益日益凸显

一是建立全链条的监督。立足“事前”预防，以强有力的监督健全长效机制。从审计整改双确认、监督力量双统筹、风险防控双排查、“三重一大”双表态、重点难点双推进、警示教育双剖析、业务素质双提升、容错纠错双落实八个方面入手，整合监督力量，形成监督合力。着眼“事中”督查，以多样化的服务推动常态管理。以强化工会经费收支的规

范性为目标，对工会经费收取、管理、支出等过程，定期或不定期开展形式多样的监督检查。落实“事后”监督，以规范化的程序强化预算执行审查，深化预算审查审计，着重从中央八项规定及实施细则精神落实情况出发，每年不定期进行自我审计。

二是提升民主参与度，增强会员自治能力。建立健全会员代表大会制度，充分发挥会员的民主权利，保障会员在经费使用方面的知情权和监督权。

三是加强财务管理，提高透明度。为了解决资金使用不透明的问题，工会组织应当建立健全财务管理制度，规范经费使用流程，确保收支明细的真实性和准确性，确保经费使用的透明度。加强财务检查和监督，充分发挥经审委员会或经审小组作用，及时发现和纠正不规范的财务行为。

思考提升

请对以下问题进行客观的自我评价：

1. 所在的单位能够按照全部职工工资总额的 2% 向工会拨缴经费（建立相应的工作机制，确保每月、每季拨缴工会经费）。

2. 所在的单位职工每月能按照本人工资收入的 0.5% 缴纳会费。

3. 能结合工会工作的实际需求和未来发展规划，科学合理编制好工会经费预算。

4. 能严格按照工会经费预算和财务制度执行。

5. 熟知工会经费哪些能花，哪些不能花。

6. 能保证工会经费主要用于职工服务和工会活动开展等方面。

延伸阅读

湖北宜昌市总工会数字赋能打造工会智慧审计工作新模式

湖北宜昌市总工会全面推进智慧审计平台建设，探索数字化审计模式，不断提高工会审计监督质量和效率。

一是运用大数据，筑牢工会审计的精准信息支撑。树立大数据审计视野，整合数据资源，着力解决审计数据“碎片化”的问题，真正做到“让数据说话，与数据对话”，有效打破地域、业务、系统的数据壁垒和信息孤岛，全面提高审计数据的精准性，有效发挥大数据审计在“经济体检”中的作用。

二是打造大平台，完善工会审计的多元工作载体。开发审计项目管理系统，从“审计准备”到“项目实施”，从“审计结果”到“审计整改”，实现审计工作规范化；开发风险预警审查系统，通过智能分析算法，在线实时监督各类风险，实现“重点项目全覆盖、监督审计全要素、风险预警全周期”，实现审计工作精准化；开发大数据应用系统，快速准确地进行多维分析比对，全面、直观辅助审计工作，实现工会经费审计“四个转变”，实现审计工作便捷化。

三是坚持大方向，持续工会审计的智慧转型升级。坚持边运行、边调整、边规范，在确保审计数据和信息安全的基础上，不断延伸、拓展、放大系统平台功能，通过运用智慧审计平台，使工会审计工作更加便捷、精准、规范。

中国石化工会工委实施工会经费财务共享

防范化解工会财务管理风险

为加强工会经费管理监督，中国石化工会工委创新应用共享理念，开发工会经费财务共享系统，将147家直属单位工会会计业务统一交由集团所属的共享服务公司实施专业化归口管理，进一步提升全系统工会财务管理规范化、标准化、智能化水平，有效防范和化解工会财务管理风险。

工会经费财务共享系统是中国石化独立开发的工会会计核算系统，可以为企业提供业务提报、审批制单、凭证审核、资金结算、资产管理、报表出具、数据查询与分析、预算控制等服务，可节省企业工会人工成本，实现不相容岗位有效分离，同时为工会经费内审外查提供便捷、集中的数据支撑。

通过推动实施工会经费财务共享，一是规范了工会法人资格和银行账户管理，147家直属单位全部取得工会法人资格，独立建账核算；二是提高了工会会计核算质量，以《工会会计制度》为依据，统一细化了中国石化工会会计核算科目及辅助科目，提升会计核算精准性；三是健全了工会经费内控体系，同步督导各级工会健全内控制度，提升工会经费监管效能；四是强化了工会经费“一盘棋”管理，全面统计梳理集团147家直属单位工会经费全年收入支出情况及资产负债情况，摸清全系统工会“家底”，为基层工会盘活资产、提高资金使用效能提供指引；五是实现了财务风险集约化管控，直属单位工会经费100%纳入TMS系统管理，全面撤销网银，实现固定资产线上管理，有效防范工会资金资产安全风险，切实提升了集团财务管控体系的完整性。

北京电子科技职业学院数智化助力基层工会财务管理

北京电子科技职业学院工会将RPA（Robotic Process Automation，机器人流程自动化）技术引入工会财务管理，推动基层工会财务管理的全面革新。

RPA助力业财有效融合。RPA加速了财务资金的流转，缩短了财务与业务资金处理周期，在确保财务资金流动的及时性和精确性的前提下，为业务发展提供了强有力资金运转支持。同时，RPA系统不断升级，有助于优化业财流程融合，促进业财顺畅运行。

RPA助力管理效率提升。通过自动执行数据收集、输入等大量的重复性工作，极大地降低了人工操作的烦琐性，提高了数据处理的时效性和准确性，解放了基层工会财务人员的双手，在很大程度上解决了人手不足的问题。

RPA助力财务精准服务。基于RPA机器人预定义的规则和逻辑执行任务，通过模拟人工操作，可以降低传统的财务录入工作人为因素误差。通过快速、精准的业务衔接，实现扁平化管理，解决报账周期长、服务能力弱的问题，更好地发挥财务的精准服务效能。

RPA助力风险控制管理。通过内置管理制度和算法，帮助财务人员自动执行相关规范和规程，确保了财务活动的合规性；通过自动检测异常交易并发出警报，使财务人员能够及时发现和解决潜在风险问题，确保基层工会资金使用安全、合理。

本章结语

新时代，我国社会主要矛盾已经发生了根本变化。作为基层工会干部，必须具备与时代要求相适应的组织领导能力、维权服务能力、构建和谐劳动关系能力和财务资产管理能力等专业能力，努力适应时代发展和职工队伍结构变化产生的新需求，让工会组织在百年未有之大变局中当好党政联系和服务职工群众的桥梁和纽带，以新的理念、新的观点、新的作为，团结带领广大职工在新质生产力发展的历史进程中建功立业、提升素质，进一步促进企业构建和谐劳动关系，进一步提升职工群众的获得感、幸福感和成就感，进一步提高工会组织的凝聚力、影响力、辐射力，为建设一流的产业技术工人队伍，为实现中华民族伟大复兴的中国梦而不懈努力。

第4章

新时代基层工会干部应具备的群众工作能力

工会是中国共产党领导的工人阶级群众组织，承担着组织动员广大职工为完成党的中心任务而团结奋斗的历史使命，是党联系职工群众的桥梁和纽带。在新时代的历史背景下，工会组织在促进经济社会发展、维护职工合法权益、构建和谐劳动关系等方面肩负着重要职责。工会工作是党的群众工作的重要组成部分。基层工会干部作为工会组织的中坚力量，是落实党的群众路线、践行以人民为中心的发展思想的排头兵，是打通服务职工群众“最后一公里”的关键。要准确把握新形势下群众工作的特点和规律，坚持一切为了群众，一切依靠群众，从群众中来、到群众中去，及时、真切、精确感知到职工群众工作生活情况和主要诉求；要能够把个人置于群众之中开展工作，密切联系群众、积极组织群众，站在职工群众的立场上，为职工群众说话办事，从巩固党执政的阶级基础和群众基础的高度，全方位服务职工，引导职工群众成为党执政的坚实依靠力量、强大支持力量、深厚社会基础。

基层工会干部的群众工作能力主要有调查研究能力、沟通协调能力、宣传影响能力、应急处突能力。

第一节　调查研究能力

情境导入

情境一：被忽视的声音——基层工会干部的调研盲区

某企业有职工 3000 多人，分布于各车间、部门及办公区。车间工会干部小张身处一线，自认日常与职工相处已足够了解情况，无须频繁深入车间班组调研，平时主要忙于上级交办任务，鲜少主动了解职工实际需求和意见。

一次月度例会上，企业工会强调各车间、部门要从维权角度加强职工调研。小张不以为意，觉得是“例行公事”，未重视。为完成任务，他设计了一份包含十个问题的问卷，多为选择题且内容宽泛，如“您对工作环境满意吗？”“您认为福利待遇如何？”等。小张回收问卷后仅做了简单的梳理。此问卷难以触及职工深层次需求，引发职工不满。小张仅统计问卷数据，用百分比呈现问题，上交看似“完美”的结果，实则未掌握职工真实诉求。后续，车间管理问题累积，职工负面情绪滋生，影响生产效率和任务完成，安全事故频发，干扰企业上下游运营。

情境二：车间一隅的隐忧——基层工会干部的调研挑战

小李是某制造业公司基层工会干事，察觉近期车间老职工工作积极性低，但询问时总被含糊回应。为深挖职工真实状况和需求，她决定开展调研，却遇诸多难题。

一是时间紧、资源少。小李日常忙于行政事务与职工活动，难抽时间调研，经费有限也难聘请专业机构或购买调研工具。

二是方法单一。她知道仅靠问卷难触职工真情，却对访谈、观察等方法不熟，更不懂结合大数据调研。

三是难获真信息。调研中，职工常因各种原因隐瞒想法，一对一访谈也常遇职工欲言又止。

四是分析反馈能力弱。收集信息后，面对复杂数据和反馈，小李难以提炼有价值的信息，更不知如何将其转化为改进措施和计划。

能力构成

基层工会干部离职工最近，“想职工之所想、急职工之所急、办职工之所盼”理应成为基层工会干部的工作常态。但在实际工作中，基层工会干部往往看不到、听不清、想不明一线职工的工作实际和真实需要，从而产生想法、举措与职工需要“脱节”的情况。部分基层工会干部在调查研究方面还存在不用调研、不愿调研、不会调研的心理。其原因主要有以下三个方面。

一是自认为身在职工中——不用调研。有的基层工会干部不能充分认识作为一线职工“娘家人”的真正职责和角色定位，认为自己在企业一线就足以了解职工情况，不需要进一步深入车间进行有针对性的实地调查研究。这种角色认知的偏差导致基层工会干部往往在履职中难以充分发挥职能作用。

二是感到基层工作繁杂——不愿调研。以小张为代表的基层工会干部在调查研究过程中，没有从解决问题的角度考虑，仅通过一份设计粗糙、问题宽泛的问卷来收集信息。这种敷衍了事、流于形式的调查研究不仅无法真正了解职工的需求和想法，也损害了基层工会工作的严肃性和有效性。

三是采取的方式方法简单——不会调研。情境中的小张和小李都不擅长设计有针对性的调查问卷，不会运用访谈法、观察法等有效调研方式，不能结合大数据分析等现代技术手段，不善于从职工的现实表现、形态、言语中找到实际问题，分析症结所在，从而限制了调研的深度和广度。这是基层工会干部不会调研的主要原因。

调查研究是党政群团组织开展工作的基本方法，也是各级干部日常工作的基本功。基层工会干部的调查研究能力是连接理论与实践的桥梁，是深化理解职工群众实际情况、科学制定工会政策与措施的重要基石，是提升工会工作效能、推动工会事业创新发展的重要支撑。通过不断加强调查研究能力建设，基层工会干部能够更好地把握职工群众的脉搏，为构建和谐劳动关系、促进企业健康发展贡献智慧和力量。

基层工会干部应具备的调查研究能力可以具体为深入职工实际、精准把握需求、科学分析原因、有效提出建议的综合能力。

深入职工实际，即具备高度的敏锐性和前瞻性，坚持问题导向，善于深入基层、深入一线，与职工打成一片，了解职工心声。精准把握需求，即准确捕捉职工队伍中的热点、难点问题，以及企业发展中的新情况、新变化，提炼出共性问题和个性需求。科学分析原因，即对收集到的信息进行分类整理，利用统计软件和数据分析工具对职工需求数据进行深入分析，找出症结所在。有效提出建议，即注重将调研成果转化为实际行动，提出具有针对性和可操作性的对策建议，推动解决职工群众关心的实际问题，促进企业发展与职工利益的和谐统一。

培养路径

调查研究是我们党的优良传统。毛泽东在《反对本本主义》中鲜明指出，“没有调查，没有发言权”。习近平总书记非常重视调查研究，指出“调查研究是谋事之基、成事之道，没有调查就没有发言权，没有调查就没有决策权。调查研究是我们做好工作的基本功”。他身体力行、率先垂范，推动全党大兴调查研究之风。他曾用非常生动的比喻来说明调查研究的重要性，“调查研究就像‘十月怀胎’，决策就像‘一朝分娩’。调查研究的过程就是科学决策的过程，千万省略不得、马虎不得”。他自己的体会是尽量多到基层去看，“一次看，可能时间短了些，但是积少成多，就会从量变到质变，就能把握住工作中存在的主要矛盾和问题。看，总比不看要好；多看，比少看要好”。2023 年 10 月 23 日，习近平总书记在同全国总工会新一届领导班子成员集体谈话并发表重要讲话时，指出“工会干部要践行党的群众路线，深入调查研究，及时了解职工所思所想所盼，不断增强服务职工本领，真心实意为职工说话办事”。对工会干部深入开展调查研究，提出了明确要求。

一、发挥优势要善知

基层工会干部要深刻认识到调查研究是及时了解职工群众诉求、发现工会工作不足、了解问题成因、更好服务职工的重要途径；要面向基层、面向生产、面向群众公开进行，尽可能多地接触职工群众，听取真实意见；要坚持从实际出发，以实事求是的态度，重视深入实际、了解实际，将开展调查研究视为推进工会工作的“必修课”；要将深入开展调查研究、解决职工群众实际问题作为自我考评的重要指标，完成从上级要求调研到主动开展调研的转变。在调查研究过程中，要尊重客观事实，强化问题意识，主动关注、敏锐捕捉职工群众反映的热点、难点问题，特别是那些关系职工切身利益、影响企业和谐稳定的问题，善于从这些问题中发现新的工作切入点和突破口，防止以老经验、老思路、老办法应对新变化、看待新形势、解决新问题。那种预先“定调”、预先“划线”，在“预定”小圈子内搞形式、走过场的调研不会取得好效果，甚至会被职工群众排斥。

二、俯下身子要深知

“蹲下去才能看清蚂蚁。”把调查研究做深做实，只有态度是不够的。基层工会干部还要眼睛向下、脚步向下，经常俯下身子、沉到一线，与职工坐到一条板凳上“零距离”沟通。不仅要“身入”职工群众中，了解他们的生产生活环境，感受他们的困难和诉求，表扬批评都要听，听真话，好的差的都要看，察真情，真正把情况摸实摸透，更要“心到”职工群众中，在他们需要时能看得见、找得到、信得过、靠得住，用心倾听职工群众的意见和建议，真诚与他们交流互动，建立起彼此信任和尊重的关系，才能真正了解职工群众的真实想法和感受，为他们提供更加贴心、有效的服务。现在通信很发达，通过填填问卷、打打电话、发发微信、看看材料也能了解很多情况，但毕竟隔了一层，没有现场看、当面听、直接问和“七嘴八舌式”的讨论来得真实鲜活。基层工会干部只有愿意与职工群众交朋友、真心想为他们解决困难，才能走进职工群众心里，才能真正成为他们的“娘家人”。

三、多措并举要真知

在调研方法上，要根据调研主题综合运用多种调研方法，除了常用的问卷调查法以外，还可以采用集中座谈、个别访谈、随机走访、现场观察、专家调查、抽样调查等方法。对基层工会干部来说，还需要根据职工群众的特点，用他们易于接受的方法调研交流。当职工群众利益受到侵害时，难免会发牢骚、说气话。对此，基层工会干部应正确理解、诚恳大度，以理性、平和、公正的心态，与职工拉家常，让他们把心中的怨气、烦事释放出来，不平、不公的遭遇表达出来。这样既能掌握最真实的一手信息，又能有效避免矛盾激化。在与职工座谈前，要提前做好“功课”，了解企业经营情况、职工关注焦点、有关政策规定，做到心中有数，厘清“娘家事”，不做局外人。座谈时要邀请与调研内容相关联的各方代表参加，比如基层工会、劳模代表、工匠代表、基层管理者代表等，或联系利益相关方和知情者分别做个别访谈。此外，还要重视对收集到的调研数据进行分类整理，建立数据档案，确保数据的完整性和准确性；巧用数智化手段，对数据进行分析和处理，提炼有价值的信息和结论，并通过数据可视化等方式，直观地展示调研结果；在深入分析思考上下功夫，找到事物的本质和规律，做出的决策才能符合实际。

四、成果转化要及时

职工群众喜欢不喜欢、满意不满意，关键是看基层工会干部把他们的事“当不当回事儿”。对于在调查研究中客观发现的问题、职工群众直接反映的问题，要及时进行归纳总结，形成条理清晰、逻辑严密的调研报告，提出具体应对措施或工作制度，并密切关注其实施效果。对于符合政策规定的建议，要立说立行，不能“慢半拍”，更不能“靠边站”；需要协调办理的，要第一时间将情况反馈企业、及时沟通；暂时没有政策支持的，要做好解释说明，让职工理解，同时积极协调争取。要建立常态化的服务机制，将职工的诉求解决好、办到位。对未尽事宜，再次启动调处程序，做到不落实不放手、不满意不放过，以实际行动赢得职工群众的肯定和认可。

思考提升

请对以下问题进行客观的自我评价：

1. 在工作之余，喜欢与职工群众打成一片、交朋友，对他们的性格爱好、家庭情况、工作状态了如指掌。

2. 能通过定期走访、座谈和问卷调查等多种方式，准确捕捉到职工群众的真实需求和现实问题。

3. 注重收集翔实的数据和资料，并运用科学的分析方法进行梳理和归纳，提炼关键结论和趋势。

4. 不断探索和尝试新的调研方法和路径，如利用大数据、云计算等现代信息技术手段提升调研效率和质量。

5. 将解决实际问题作为调研工作的最终目标，坚信只有让调研成果真正落地生根、开花结果，才能充分发挥其价值和作用。

延伸阅读

中铁六局阳信项目工会开展“大讨论、大调研、大督办”活动维护职工合法权益

中铁六局阳信项目工会探索推行“员工代表制”，开展大讨论、大调研、大督办“三步走”活动，提升员工幸福指数。

一是聚焦期盼诉求，广泛开展大讨论。建立员工代表论坛，从休假制度到管理办法、业余生活到职业规划、细微小事到重点工作等方面，开展员工代表和员工“一对一”交流互动，深入讨论，形成“有诉求、找代表、大讨论”工作模式，归纳总结员工诉求，掌握第一手资料。

二是聚焦思想动态，深入开展大调研。开展员工代表巡查、“三关切五必访”等活动，将基层走访与网上调研相结合，全面掌握思想动态，把准诉求方向，制定86项服务清单，形成有质量的调研报告，及时报送上级工会。

三是聚焦急难愁盼，精准开展大督办。广大一线员工通过员工代表信箱表达意愿，进行政策咨询。员工代表充分发挥首问督办制的作用，追踪办理落实进度，及时向上级工会领导和职能部门反馈，向员工回复解决处理进展情况，有效畅通“大督办”落实渠道，积极响应职工所求，快速解决职工所盼，切实维护了员工的合法权益。

河北衡水冀州区总工会创新开展“菜单式”调研

2024年以来，河北衡水冀州区总工会聚焦企业发展实际和职工所需所盼，以“菜单式”工作法，深入开展企业走访调研活动，实现“职工点单、企业接单、区总签单”，开启服务企业新模式，让职工呼声变笑声。

一是实地走访列“菜单”。成立调研小组，制定实施方案，每小组深入3～5家规上企业调研，将学习培训、技能比赛、职代会召开、劳动争议调解、困难职工帮扶等情况形成“清单”，共走访企业26家，受访职工180余人。

二是讲谈摸底定“菜单”。开展走访座谈、谈心谈话行动，组织公益律师实施“调研＋普法”，邀请劳模工匠开展“调研＋宣讲”，提升调研精准度。

三是集思广益实施“菜单”。针对企业负责人，征集发展的难点堵点；针对工会，调研其助力企业发展情况；针对职工，了解其所思所盼所想。共收集各类意见 33 条，解决问题 20 余项。

四是精准出击优“菜单”。针对所列问题清单，一一优化解决，如聚焦文化需求，举办职工书画展、开设青年夜校；聚焦服务需求，制定帮扶活动实施方案；聚焦技能需求，开展技能大赛，挖掘高技能人才等，助力企业高质量发展。

青岛市总工会聚力“四项调研”助力创新提质

青岛市总工会以“四项调研”为破题路径，把脉会诊维权服务堵点、难点、痛点，推动全会工作高质量发展。

一是聚力“领导领题调研”。根据省总、市委调研课题指标，成立市总党组成员调研专班，以“四不两直”方式深入镇街、企业、职工，围绕产改、职工维权、新就业群体等重点工作开展调研，收集意见建议 100 余项，确保工会决策精确制导。

二是聚力“四下基层调研”。利用宣讲党的二十届三中全会精神契机，8 月份集中开展“四下基层”服务月活动，“兵分五路”下沉全市 40 个镇（街道）、50 余家企业，深入一线职工唠家常、询实情、帮真难，现场解决职工急难愁盼问题 200 余项，“寻声”谋策施策，提升社会满意度。

三是聚力“青年攻坚调研”。大胆向“80 后”“90 后”工会干部“压担子”，让年轻干部在一线前沿“沾露水、练技能、蹲苗子”，磨炼向职工群众问计问策、同职工群众实干真为“硬本领”，形成 5 篇高质量调研成果，通过“我的业务我来讲”述评扩效。

四是聚力“智库专题调研”。利用市委党校智库资源，成立全省首个市级“产改研究院”，确定首批“产改”理论、政策法规、实践等 20 项调研专题，在全国寻标对标，推动工会重点改革任务落实落地。

第二节　沟通协调能力

情境导入

情境一：员工意见反馈不畅

某企业的职工对工作环境、福利待遇等存在诸多不满，他们希望通过工会向管理层反映这些问题。然而，工会干部在接收职工意见时表现不够积极，甚至有时对职工的抱怨置若罔闻。在将职工意见传达给管理层时，工会干部未能准确传达员工的真实诉求，导致管理层对职工的需求了解不足，无法及时采取有效措施解决问题，进一步加剧了职工的不满情绪。

情境二：管理层决策传达不到位

企业管理层在制定新的政策或决策时，通常会通过工会干部向员工传达相关信息。然而，在某些情况下，工会干部在传达管理层决策时不够及时或准确。部分工会干部可能未能充分理解管理层的意图，或者在传达过程中添加了个人主观色彩，导致员工对决策的理解出现偏差。这不仅影响了决策的顺利实施，还可能引发员工与管理层之间的误解和矛盾。

情境三：冲突调解不力

在企业内部，员工之间或员工与管理层之间难免会发生冲突。工会干部的职责之一是及时调解这些冲突，维护企业的和谐稳定。然而，在某些情况下，工会干部在调解冲突时，由于缺乏必要的沟通技巧和调解策略等原因，无法有效引导双方达成共识，导致冲突持续升级，甚至可能引发更严重的后果。

能力构成

工会是职工的“娘家”，工会干部是职工的“娘家人”。当职工在劳动权益、劳动关系、生活福利以及民主参与等方面遇到困难时，基层工会干部就应该挺膺担当，竭诚为职工服务，努力协调化解矛盾，解决职工实际困难。当然，基层工会干部的角色不仅是维护职工的具体利益，还包括兼顾企业的发展需要。从以上情境，我们可以总结出，基层工会干部在沟通协调能力方面可能存在消极沟通、无效沟通、单一沟通等问题。其原因主要有以下三个方面：

一是沟通意识淡薄。有的基层工会干部缺乏自信，担心自己的表达不够准确或受到他人质疑，从而不敢或不愿与人深入沟通；有的基层工会干部没有充分认识到沟通协调在工会工作中的重要性，缺乏主动沟通的意识；有的基层工会干部认为沟通是麻烦或负担，不愿意投入时间和精力去沟通协调、学习提升；有的基层工会干部担心被批评或影响考核评价，不敢与上级工会、地方工会沟通或寻求指导与支持。

二是沟通技巧欠缺。有的基层工会干部为了沟通而沟通，在与职工群众沟通过程中，不了解或不会运用倾听、表达、反馈等有效的沟通技巧，不能设身处地地主动理解职工、积极共情，而是扮演旁观者甚至对立者的角色，不能获得职工群众的认可与信任；有的基层工会干部在沟通中缺乏灵活性和创新性，难以适应不同情境下不同沟通对象的实际需求，导致沟通效果欠佳。

三是沟通底气不足。基层工会干部在沟通协调中，对工会工作的相关法律法规、政策文件等了解不够深入，会导致难以准确传达信息，难以引经据典、举一反三，没有说服力，也可能因不了解法律规定而忽略职工的合理诉求，导致职工对工会工作产生不满和失望。

沟通协调能力是基层工会干部竭诚服务职工、促进劳动关系和谐稳定的关键要素和重要保障，是履行工会职责使命、做好工会工作的内在要求。通过不断提升沟通协调能力，基层工会干部能够更好地传达信息、维护职工权益、促进和谐劳动关系、推动政策落地、提高工会工作效率。

基层工会干部应具备的沟通协调能力可以具体为以“一个核心、纵横交错”为沟通对象的全方位沟通、多层次协调、高效能应对的综合协调能力。

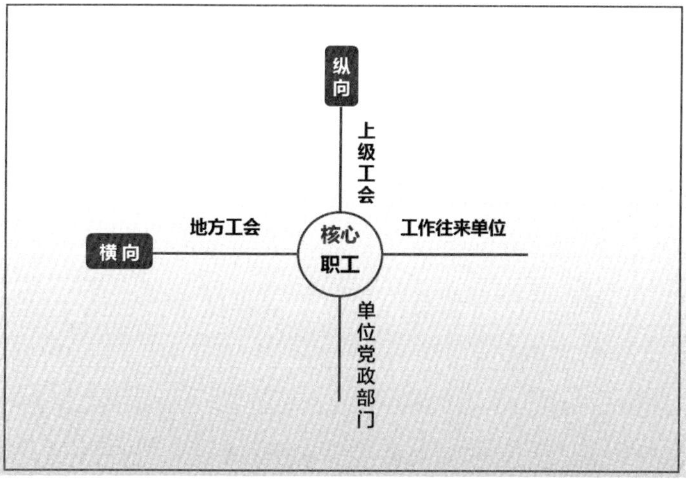

基层工会干部“一个核心、纵横交错”的沟通网络

“一个核心”，即职工是基层工会干部沟通的核心群体；“纵横交错”，即基层工会干部的沟通对象既包括上级工会、单位党政部门，也包括地方工会、工作往来单位，形成纵横交错的沟通网络。全方位沟通，即基

层工会干部需要与不同背景、不同需求的职工进行有效沟通，同时也要与单位管理层、上级工会、地方工会、外部机构等保持密切联系，确保信息的全面流通和准确传递。多层次协调，即在处理劳动争议、解决矛盾冲突时，基层工会干部需要在个人与个人之间、部门与部门之间、工会与企业之间等多个层面进行协调，以达到和谐共处的目的。高效能应对，即面对复杂多变的工作环境和突发情况，基层工会干部需要具备高度的责任心、敏锐的洞察力、良好的表达能力和深厚的情感共鸣能力，迅速反应、灵活应对，及时化解矛盾、解决问题，确保基层工会工作的顺利进行。

培养路径

群团组织是党联系群众的桥梁和纽带。2015 年，习近平总书记在党的群团工作会议上强调，群团组织必须始终站在党和人民的立场上，坚持为党分忧、为民谋利，把思想政治工作贯穿所开展的各种活动，多做组织群众、宣传群众、教育群众、引导群众的工作；多做统一思想、凝聚人心、化解矛盾、增进感情、激发动力的工作。习近平总书记指出，要切实保持和增强群团组织的群众性。群众性是群团组织的根本特点。群团组织开展工作和活动要以群众为中心，让群众当主角，而不能让群众当配角、当观众。要更多关注、关心、关爱群众，进万家门、访万家情、结万家亲，经常同群众进行面对面、手拉手、心贴心的零距离接触，增进对群众的真挚感情。基层工会干部要深入基层、深入群众，争当全心全意为人民服务宗旨的忠实践行者、党的群众路线的坚定执行者、党的群众工作的行家里手。

基层工会组织和基层工会干部要认真履行职能发挥作用，必须学习运用好群众路线，学会如何与群众沟通交流，善于同群众打交道。就基层工会干部的沟通协调能力而言，主要包括制度性沟通、程序性沟通、日常性沟通、专题性沟通和突发性沟通等类型，可以重点从以下三个方面提升。

一、长于下行沟通，增强与职工群众的“黏合度”

基层工会干部是职工利益的代表，其首要职责是服务职工，深入了解职工需求和关切，积极排忧解难，维护职工合法权益。因此，职工是基层工会干部沟通协调的核心对象。习近平总书记指出，有的领导干部不会说话，“与新社会群体说话，说不上去；与困难群众说话，说不下去；与青年学生说话，说不进去；与老同志说话，给顶了回去。很多场合，我们就是处于这样一种失语状态。”基层工会干部在与职工沟通时，要做好以下四个方面。

一是带着感情沟通。有误会、有矛盾并不可怕，很多时候，理解和信任正是在消弭冲突、化解误会的沟通中建立起来的。基层工会干部要愿意与职工沟通，尊重职工，带着感情和温度沟通，既要传递组织意图，也要尊重基层首创精神，善于发现各方面典型，把指导工作与总结经验结合起来。面对不同于自己的想法和观点时，要心平气和地听取职工的不同意见，通过摆事实讲道理，达到有效沟通的目的；要与职工平等对话，不居高临下、惜字如金，而是主动宣讲、真诚回应，赢得职工的欢迎和赞赏。

二是多用接地气的语言。最朴实的“大白话”，也都是最真切的大实话。例如毛泽东把一切反动派称为“纸老虎”，邓小平的“摸着石头过河”“发展才是硬道理”，习近平总书记的“小康不小康，关键看老乡”“鞋子合不合脚，自己穿了才知道”“照镜子、正衣冠、洗洗澡、治治病”，等等。这样的语言，凝练而通俗，职工不但听得懂，而且记得牢，容易达到有效沟通的效果。

三是用好职工代表大会制度。职工代表大会制度是中国特色社会主义基层民主管理制度，是企业职工参与民主管理的有效形式。基层工会干部要充分用好职工代表大会制度，把工会工作和广大职工群众关心关注的重大问题提交职工代表大会讨论审议，通过大会决议固化下来，从制度层面维护企业利益和职工的合法权益。

四是灵活运用新媒体平台。通过官方网站、微信公众号或小程序，定期发布工会动态、政策解读、活动通知等内容，主动发声，方便职工随时了解信息；设置在线咨询服务，及时解答职工疑问，增强互动性；开展在线培训、线上竞赛、线上论坛、职工圈等活动，促进职工之间的交流和分享，收集职工意见和建议；运用大数据技术分析职工需求，制定更加精准的服务计划和措施，提升沟通成效。

二、敢于上行沟通，及时拓展有力的“资源库”

敢于与上级工会和党政部门沟通，是基层工会干部的一项重要素质，不仅能促进信息的有效传递，还能及时争取到上级的有力指导和支持。基层工会干部要正视上行沟通，面对困难和挑战时，不逃避、不退缩，保持积极乐观的心态，将与上级工会和党政部门领导的沟通，视为学习和成长的机会，而非压力或挑战。

关于沟通时间和频次。一是要形成定期汇报的习惯。把握好月度工作调度会、专项工作复盘会、年度工作总结会等重要时间节点，定期向上级工会和党政部门领导汇报基层工会基本情况、近期工作进展、存在的主要问题和解决方案等；二是要推动建立紧急沟通机制。在突发事件或重要紧急情况时，建立快速响应的沟通机制，确保迅速与上级工会和党政部门取得联系并寻求帮助。

关于沟通方式。一是电话沟通，通过电话及时向上级领导汇报工作进展、遇到的问题或需要的支持，这是最便捷的沟通方式，适用于日常工作汇报；二是面对面沟通，当遇到涉及职工切身利益、单位重大改革举措等复杂问题时，需要主动与上级领导深入探讨，面对面交流；三是书面报告，撰写书面报告向上级工会专项汇报基层工会的典型创新案例、上级工会指定要求的工作完成情况等，有助于确保信息的准确性和可追溯性。

关于沟通内容。一是要“报喜”，尽量与上级保持同步思维，既要把握当下“面”上重点工作的敏感性、关键点，又要反映本单位“点”上具体实践与上级精神的匹配度和“踩分点”；二是要“报忧”，坦诚反映基层工会工作中存在的问题、困难和挑战，以及职工群众的关切和诉求，促进工会内部的问题解决和机制完善，推动基层工会工作不断向前发展；三是要“报落实”，汇报上级工会和党政部门领导提出的要求和指示的跟踪落实情况，确保工作得到有效执行。

三、善于平行沟通，形成联动融合的工作“朋友圈”

做好基层工会工作，不能局限于自己的“小圈子”，而是要最大限度地向各方借势借力借智，做到博采众长、为我所用。基层工会干部要坚持从职工群众利益出发，从工会事业出发，更好地与上级工会、其他部门等有关方面积极主动沟通协调，以“统一战线”思维多找“交集”和“结合点”，达成共识，赢得支持。

一是加强对内沟通。基层工会干部要学会换位思考，克服简单提诉求、“添麻烦”心理，要主动推进工会、组织、人事等与职工切身利益息息相关的部门的联建联动，打破各自为政、推诿扯皮的局面，让各部门紧紧拧成一股绳、牢牢攥成一个拳，使合作共事更舒畅、工作成效更显著。在研究方案时，基层工会干部要积极提出合理化建议；制定方案时，要坚持走民主程序，保证方案的合法性；在实施方案中，需要工会主抓的千方百计抓好，需要工会配合的主动参与当骨干，需要工会协调的积极进行沟通，增进彼此信任感和协同度，一起把职工小事做好、把好事做实、把实事做精。比如，当企业遇到重大改革举措出台、涉及机构人员裁减事项、发生重大职工伤亡事故等情形时，基层工会要依法依规与企业管理层及业务主管部门沟通协商，通过参与或主导，共同听取职工意见，形成广泛共识，确保职工队伍大局稳定。

二是加强社会沟通。按照“统一指挥、各方协同、纵横连通、实时高效”的原则，通过定期召开沟通会议、建立信息共享平台、成立专项工作小组等方式，健全完善地方联动机制；积极探索新时代基层工会“枫桥经验”，大力推进“工会+法院+检察院+人社+司法”协作联动机制建设，形成各方合力，努力在基层一线解决劳动领域争议等职工群众关切的实际问题。比如，党的十八大以来，由工会组织牵头或重点参与的重大事项越来越多，层级越来越高，如产业工人队伍建设改革，弘扬劳模精神、劳动精神、工匠精神，建设工匠学院打造高素质技能型人才等。基层工会干部必须提高政治站位，勇于担当作为，主动沟通协调。在突遇自然灾害、突发群体性事件或有重大社会影响的个体性事件时，基层工会干部也要敢于站出来，积极配合党和政府或企业管理层积极主动做好工作。

思考提升

请对以下问题进行客观的自我评价：

1. 善于倾听职工的意见和建议，让不同背景、需求和观点的职工都能感到被尊重，增强职工的参与感和归属感。

2. 能够用职工自己的语言与他们交流。

3. 在向上级汇报工作时，能够清晰、简洁地表达重点，确保信息的有效传达。

4. 在向上级汇报工作时，既注重汇报工作成绩，总结经验做法，又能够汇报实际问题，寻求重点支持。

5. 在处理紧急或复杂情况时，能够保持冷静，迅速建立沟通渠道，与相关部门和人员紧密协作，通过有效的沟通和协调，及时应对并解决问题，减少负面影响。

延伸阅读

湖北襄阳市总工会沉浸式开展“当一天站长”活动让工会阵地前移温暖可及

湖北襄阳市总工会组织开展“当一天站长”活动，聚焦新就业形态劳动者实际需求，当好驿站“五大员”、办好“五件事”、献出“五份爱”，实现工会阵地前移、服务前置、力量前倾。通过搭好平台，构建驿站 15 分钟服务圈，打造连点成片的“工会服务样板”；选好人员，实行领导班子包片、工会干部包点，形成以上率下、全面覆盖的良好局面；配好“菜单”，在原有驿站功能基础上，将工会服务从“幕后”搬到“前台”。

2024 年，湖北襄阳市总工会深入贯彻全国总工会“新双 15 工程”工作部署，以沉浸式开展“当一天站长”活动为抓手，组织 300 多名干部下沉工会驿站，实打实、面对面服务职工群众，进一步擦亮“我的工会我的家”特色服务品牌。

一是当好“五大员”。坚持以职工需求为导向，当好宣传员、服务员、管理员、联络员、指导员，累计整改药品更新不及时、饮用水供应不优等管理问题590个，精准解决社保、欠薪等权益诉求620件，着力破解外卖员“进门难”“换电难”等问题66个。

二是办好“五件事”。常态化开展“一次政策宣讲、一次送关爱、一项特色服务、一次微心愿、一场新就业形态劳动者联谊”，在重要节点、传统节日、极端天气，开展爱心护考、浓情腊八、冰冻救援等暖心服务活动，服务职工3万多人次。

三是献出“五份爱”。聚焦新就业形态劳动者实际需求，推出“爱新餐、爱新互献、爱新体检、爱新保险、爱新夏令营”等系列活动，分发爱心捐赠物品4000余件，惠及职工2万多人次。

通过与各部门建立完善协同联动、轮值牵头、巡回服务等机制，湖北襄阳市总工会零距离服务职工群众，将各类工会服务项目整合到驿站，实现小驿站、大服务。将驿站建设纳入全省“共同缔造”项目和市政府民生十件实事，实现驿站服务效能持续提升。

美团工会推动上线“骑手评价商家通道”搭建骑手常态化沟通机制

2024年3月19日，美团配送宣布在骑手APP上线“骑手评价商家通道”，为骑手提供评价商家服务和向平台反馈意见的专门渠道。美团工会通过推出骑手服务中心、骑手恳谈会、产品体验官等沟通渠道，逐步搭建起骑手常态化沟通机制，广泛听取骑手反馈并推动落实改进。

美团配送上线骑手商家互评机制，在每次订单结束后，为双方提供评价对方服务和向平台反馈意见的渠道，切实保障骑手和商家的权益。在骑手端，系统将在骑手确认送达后弹出“评价商家”页面，骑手可点击“满意”或“不满意”，并填写相应理由，“不满意”的理由包括出餐慢、包装不好、不给打包等。客服收到骑手的不满意评价后将根据实际情况判责，如核实商家存在不当行为，将根据平台管理规定给予商家相应处置措施并督促改进。在商家端，美团也开放了评价骑手入口，供商家对配送服务反馈意见，通过听取双方声音，确保争议的处置过程公开、结果公正。

“骑手评价商家通道”上线后，每天收到 4.7 万次的骑手评价。得益于更精准的反馈渠道，骑手上报的出餐慢、包装不好等商家相关问题解决率显著上升，有效减少平台对骑手配送违规的责任误判，也有利于构建更良性的商家骑手关系。

第三节　宣传影响能力

情境导入

情境一：融媒体时代基层宣传工作资源保障不足的困境如何化解

某国有企业工会聚焦发展新质生产力组织了一场大型职工技能竞赛，赛前的组织动员、参赛选手的刻苦训练、服务保障部门的团结协作、赛场上的精彩表现都是生动的宣传素材。基层工会期望能够综合运用线上线下宣传阵地开展立体式宣传，打造符合融媒体传播规律的宣传作品。但在组织开展竞赛的同时，基层工会也面临人手不足、设备陈旧、资金有限等问题。面对这种情况，基层工会干部应如何推出深入人心的高质量作品，让工会声音在职工中传播得更加广泛、更加响亮？

情境二：多元需求背景下，如何用“小故事”讲好“大道理”

广大职工的生产生活是工会宣传思想文化工作的源头活水。相比于抽象、宏观的“大道理”，与职工息息相关的“小故事”往往更具有情节性和趣味性，更能吸引广大职工的注意力。春节期间，某物业公司的部分职工因为工作性质的要求，必须在万家团圆的时刻坚守在岗位一线，服务广大人民群众。作为工会基层工作人员，应当选取什么角度和形式推出温馨感人的宣传作品，才能打造职工群众喜闻乐见、积极参与的优质宣传作品，让更多人了解这些奋战在一线的职工故事？

情境三：宣传报道如何把“有意义”讲得“有意思”

2024 年 10 月，《中共中央 国务院关于深化产业工人队伍建设改革的意见》出台，工会系统迅速掀起学习宣传贯彻的热潮。在媒体融合向纵深发展、媒介形态不断更新迭代的背景下，“报、网、端、微、屏”各种资源平台同步联动，信息无处不在、无所不及、无人不用。舆论生态、媒体格局、传播方式发生深刻变化。基层工会干部应当怎样进行策划解读，才能达到既“有意义”又“有意思”的效果，打通传播“最后一公里”？

能力构成

新闻宣传工作是党的宣传思想工作体系非常重要的组成部分，承担着举旗帜、聚民心、育新人、兴文化、展形象的使命任务。党的十八大以来，习近平总书记高度重视宣传思想工作，作出了一系列重要论述，为做好工会宣传工作指明了方向。工会媒体既是强化职工思想引领的阵地，也是联系服务职工的平台。近年来，全国总工会把宣传工作摆上重要位置，融入党领导下的大宣传工作格局，聚焦团结引导广大职工群众坚定不移听党话跟党走的使命任务，扎实推动习近平总书记关于工人阶级和工会工作的重要论述宣传入脑入心，叫响做实“中国梦・劳动美”等一系列“工”字特色鲜明的宣传品牌，抓住职工群众最关心、最直接、最现实的利益问题，认真履行维权服务基本职责，努力实现“职工在哪里，工会维权服务工作就做到哪里，工会宣传工作就做到哪里”，切实做到“工作即宣传、宣传必感动”。

习近平总书记强调：“人在哪儿，宣传思想工作的重点就在哪儿，网络空间已经成为人们生产生活的新空间，那就也应该成为我们党凝聚共识的新空间。”新一轮科技革命和产业变革在宣传思想文化领域不断催生各类新业态、新应用、新模式，深刻改变了宣传思想文化的创作生产和传播消费方式，深刻重塑了媒体形态、舆论生态和文化业态，深刻推动了不同文化和价值观念交流交融交锋。

在融媒体时代，基层工会干部应具备的宣传影响能力是一种综合性、多维度的能力，可以概括为政策理解、信息传播、舆论引导、情感沟通的能力。基层工会干部既要能够理解国家方针政策，也要具备一定的信息传播能力，把与职工息息相关的内容及时传递出去。同时，还要注意正向引导和积极沟通，当职工群众对工会工作产生误解时，能够及时澄清解释。通过“工言工语”“网言网语”讲好中国工会故事、中国工人故事，让工会声音传播得更广更响亮，把党和工会的声音传到职工心里，把对职工的关怀体现到实处，是做好工会宣传工作的题中之义。做好基层工会宣传工作，有利于挖掘一线职工建功立业的鲜活案例，从讲好职工身边的故事做起，为创新打造“中国工人大思政课”提供生动素材；有利于营造“人人都是宣传员”的浓厚氛围，厚植工会宣传工作的基础和扩大工会宣传工作的影响力，引导广大职工坚定不移听党话、矢志不渝跟党走，巩固广大职工团结奋斗、建功立业的共同思想基础。

基层工会干部的宣传影响能力从评价指标上可以具象化为舆论引导力、内容创作力、媒介应用力、互动传播力四个维度。

舆论引导力，即深入理解党的方针政策并准确传播的能力，引导广大职工群众对政策认同和支持。所谓舆论，简言之就是公众的意见或言论。互联网、智能手机、社交媒体的广泛普及，改变了职工，特别是青年职工的学习和生活方式，他们获取信息的渠道更加便捷，思想更加活跃。驾驭新兴媒体的能力，直接影响着舆论引导能力。工会宣传工作要坚持正确政治方向、舆论导向、价值取向。基层工会干部在开展新闻宣传工作时需要具备较强的政治敏锐性和舆论引导能力，能够准确把握宣传的时机和力度，将方针、政策、活动、服务等相关信息，以清晰、准确、易懂的方式传递给广大职工。

在面对各种舆论和声音时，基层工会干部要能够及时捕捉和反映职工群众中的新情况、新问题，通过积极主动地进行选题策划和议题设置，短时间内推出有针对性的新闻作品，把握舆论导向，引导职工形成正确的价值观。比如，当职工们出现对工会工作的误解或负面评价时，能够主动、及时、公开、客观地进行解释和说明，回应职工群众呼声，释疑解惑，维护工会的良好形象。

内容创作力，即新闻专业能力，包括选题策划能力、新闻采集能力、文字写作能力、摄影摄像能力和基础平面设计能力等。基层工会在工作实践中，经常组织一系列内容丰富、形式多样的技能竞赛、文体活动、先进人物表彰等，作为基层工会干部需要将这些日常开展的工作转化为引人关注、富有传播力的新闻作品。

首先，基层工会干部需要具备敏锐的新闻嗅觉，能够发现职工群众特别关心、讨论度很高的话题，及时捕捉这些话题与社会热门话题之间的联动新闻热点，并从中提炼出有价值的信息进行选题策划，确定好报道主题。

其次，基层工会干部需要熟练掌握文字写作技巧，能够创作出有深度、有吸引力的优质文案，写出文笔流畅的好文章；掌握基本的摄影和摄像技术，能够拍摄出高质量、有创意的图片和视频。此外，内容创作力还包括具备一定的平面设计能力和审美标准，能够设计出美观、吸引人的海报、宣传单页等。

媒介应用力，即应用报纸、网站、微信公众号、短视频平台等不同媒介开展新闻宣传的能力，通过运用新媒体平台，增强宣传内容的时效性和吸引力，提高职工群众对工会宣传的关注度。在融媒体时代，微信、微博、抖音等社交媒体和网络平台已成为信息传播的重要渠道。为了让更多职工群众及时、便捷地了解工会的各种信息，基层工会干部需要熟练掌握各种多媒体工具，以创新的方式进行宣传，增加宣传作品的吸引力和覆盖面。

掌握了媒介应用能力，基层工会就能够跟上时代潮流，把宣传的范围扩大，影响力增强，吸引更多年轻职工关注工会、了解工会，让工会的声音更响亮。基层工会干部应熟悉各大主流新媒体平台的运营规则和传播特点，能够运用多种新媒体手段进行宣传推广。比如，制作吸引人的短视频、设计形式新颖的微信图文消息等。

互动传播力，即与各级工会组织、职工群众以及其他组织机构沟通协调的能力，通过有效互动进一步扩大新闻作品的影响范围。基层工会干部要有同理心，能站在别人的角度思考问题，要心系基层，真正深入到群众当中去，了解职工群众到底需要什么、关心什么，这样才能让宣传工作更接地气，更贴近实际生活，也更贴近群众。要主动构建良好的人际关系，让沟通协调的机制更加畅通；积极主动地去获取宣传素材，不断拓展宣传渠道。比如，可以多和职工们聊聊天，听听他们工作中的趣事、烦心事，这些都可能成为很好的宣传素材。还可以和其他工会组织交流经验，互相学习，共同进步。

同时，基层工会干部要善于运用数据分析工具。对发布的内容要能够进行数据监测和分析，及时收集职工群众的反馈意见，然后根据这些来不断调整和优化宣传策略。比如，要学会分析微信公众号文章的阅读量、点赞数、转发数等数据，通过这些数据分析用户喜欢什么样的内容，在之后制作内容的时候进行优化。再比如，如果发现某一类主题的文章阅读量特别高，那就可以多做一些类似主题的宣传；如果发现大家对某个活动的反馈很好，那就可以多举办一些这样的活动，让基层工会宣传工作更加有的放矢，效果也会越来越好。

培养路径

新时代宣传思想工作对宣传工作人员的专业化提出了更高要求，基层工会干部必须紧跟时代步伐，全面拥抱数智化，推进工作理念、内容、形式、方法、手段全方位创新，把互联网思维和数智技术贯穿到宣传思想文化工作全过程，实现数智赋能和数智化转型。应强化大宣传工作理念，融入大宣传工作格局，增强主动宣传意识，走到职工群众中去，提升策划能力水平，运用好新媒体新技术，不断加强自己的“脚力、眼力、脑力、笔力”。通过寻找挖掘发生在职工群众身边的感人故事，推出更多职工喜闻乐见的产品，提高工会宣传的质量和实效，把“工”字特色打造得有声有势。

一、唱响时代主旋律，融入大宣传工作格局

习近平总书记强调，“树立大宣传的工作理念，动员各条战线各个部门一起来做，把宣传思想工作同各个领域的行政管理、行业管理、社会管理更加紧密地结合起来”。近年来，工会系统树立“工作即宣传，宣传必感动”理念，建立全国工会融媒体平台，传统媒体日益做精、网络媒体日益做强、新兴媒体日益做优，形成了宣传合力，提升了工会媒体整体影响力、传播力。

面对新形势新任务，各级工会要切实增强做好工会宣传工作的责任感使命感紧迫感，不断提升基层工会干部的宣传影响能力。要着重加强基层工会干部的理论学习，坚决贯彻党的基本路线和纲领，使新时代党的创新理论“飞入寻常百姓家”。要突出“工”字特色的内容创建，创新

话语表达，运用网言网语把“我们想说的”和“职工爱听的”结合起来，引导亿万职工网民不断增进对党的创新理论的政治认同、思想认同、理论认同、情感认同。要将宣传意识嵌入工作环节，积极与主流媒体沟通协调，依托工会系统内外的宣传平台，推广优秀职工代表的先进事迹，激发职工奋发向上、崇德向善的正能量。

近年来，各级工会在融入大宣传工作格局方面作出了有益探索，取得了显著成效。例如，上海市总工会开展向王曙群同志学习活动，积极争取市委宣传部支持，在上海地铁站、上视新闻等平台进行全方位立体化宣传，全媒体宣传触达受众近 1 亿人次；甘肃省总工会 2024 年联合甘肃省广电总台在甘肃卫视创办大型日播类节目《劳模纪录工程》，积极协调在央视、央广、《工人日报》、人民网、中工网及中央驻甘相关新媒体平台进行推介，展现甘肃各行各业劳模和先进人物的精神风貌，唱响主旋律、弘扬正能量、讴歌新时代。

二、提升专业技能，打好融媒体时代“组合拳”

基层工会干部可以借鉴热门媒体的内容创作方式，结合职工的实际需求，制作既有趣味性又有深度的宣传作品，增强宣传的时效性和互动性。各基层工会要开展形式多样的学习培训，通过召开业务知识讲座、新闻宣传能力培训班、宣传工作心得交流分享会等形式，深入学习新闻宣传理论知识，帮助基层工会干部了解国家政策法规和新闻宣传纪律，明确新闻宣传工作的红线、底线，确保宣传内容合法合规合理。鼓励基层工会干部关注时事热点，及时了解和掌握社会动态，在宣传中把握正确的舆论方向。

探索外部资源，聘请专家导师，指导基层工会干部开展新闻宣传实践活动，在干中学、在学中干。着重培养新闻写作、编辑、摄影等基本技能，以适应不同媒体平台的需求。例如，为公众号撰写人物故事，语言要简练、情感要真挚；为新闻网站创作时事评论，立场要公正，态度要严谨客观；制作海报、微视频、图解新闻、Vlog 等形式要生动活泼，从而实现全媒体传播效果。

同时，基层工会干部也应注重自我学习与实践，阅读优秀的新闻作品和宣传案例，分析借鉴其优点，不断提高自身的新闻宣传能力。此外，可以建立日常宣传调度机制、重大宣传会商机制、传播绩效考评机制、褒奖先进激励机制等，对表现出色的基层工会干部给予表彰和奖励，激发工作积极性和创造性，形成在宣传成效方面比学赶超的浓厚氛围。

基层工会干部还可借助 AI 提升专业技能。例如，利用 AI 查询并学习工会业务知识、劳动法律法规等内容，能精准定位薄弱环节；通过 AI 数据分析工具，对职工诉求、舆情信息等大数据进行挖掘分析，把握职工需求趋势，为工会决策提供科学依据；借助 AI 辅助写作功能，快速生成高质量的工会活动策划、宣传文案等，再结合融媒体多渠道传播，扩大工会影响力；利用 AI 图像识别等技术，创新工会活动形式，如线上虚拟竞赛等，增强职工参与度，全方位提升基层工会工作效能。

融媒体时代，人们常说“内容为王”，好的内容能够自带流量。例如，浙江省总工会借助省级媒体融合形成的全省“一张网”数智化资源，大抓融媒业务能力升级培训，实施“百名核心层、千名骨干层、万名基础层”“百千万”工会传播（兼网评网宣）大军人才培养计划；江苏镇江市总工会聚力打造融媒精品，成立工会融媒体中心，建设多功能演播室，配备六名编导、摄影、剪辑。以专业力量推动宣传内容一站式生产发布，推出的微电影《匠者》，首日播放量破 20 万次。

三、聚焦职工所想所盼，深入一线挖掘亮点

工会媒体既是强化职工思想引领的阵地，也是服务职工的平台。基层工会要将宣传视角更多聚焦基层一线、劳模职工，特别是下大力气推动新就业形态劳动者等重点群体的权益保障，推出更多“冒着热气、沾着汗水、粘着泥土”的精品力作。基层工会干部要以积极热情的精神面貌开展工作，以服务职工为重点，紧密联系职工群众，深入一线了解职工需求，围绕他们的所思所想所盼开展工作，使宣传内容更贴近职工实际。

要鼓励基层工会干部深入挖掘工会工作中的亮点和典型，用生动具体的案例展示工会工作的成果和价值，让职工愿看愿读愿听工会宣传产品，从内心深处增强工会与职工的贴近性、亲和力。比如，某企业的工会干部经常利用业余时间，深入生产一线，与工人们同吃同住同劳动，用心记录下工人们的辛勤付出和感人故事。他们的故事在厂报和企业内网上广为传播，极大地提升了职工们的归属感和自豪感。

要在基层工会干部中深入开展“抓一线、打基础、强落实、见实效”等主题实践活动，组织工会干部深入一线访、查、问、找，摸清实情，找准问题，使宣传工作更“接地气”“有底气”“聚人气”。大兴调查研究之风，应积极开展调查研究，及时反映职工群众的声音，为职工提供有用的信息和帮助，维护职工的合法权益。基层工会干部要善于利用社交媒体等平台发起话题讨论、线上问答等活动，与受众建立良好的互动关系，提高受众的参与度和黏合性。例如，2022 年 1 月以来，安徽省总工会在安徽广播电视台创办了《劳模工匠耀江淮》大型融媒体采访宣传，记者们走进企业一线车间、劳模工作室等现场，每年采访 30 位来自各行各业的工匠人物，直观生动地报道了江淮劳模工匠的拿手绝活儿和感人

故事，让全省广大职工感受到榜样就在身边，引起了广大职工的共情与共鸣，在职工中掀起学习先进、争当先进的热潮。

四、培养创新意识，开拓宣传工作新阵地

习近平总书记强调，“宣传思想工作创新，重点要抓好理念创新、手段创新、基层工作创新，努力以思想认识新飞跃打开工作新局面，积极探索有利于破解工作难题的新举措新办法，把创新的重心放在基层一线”。基层工会干部要创新方式方法，适应职工群众的思维方式和接受习惯，适应分众化、差异化传播趋势，更好地反映职工生产生活和工会工作的生动实践。落实工会系统广泛应用人工智能行动，创新宣传形式，注重内容的创新性和可读性，通过人工智能进行内容生成创作、自动化摄影和视频编辑、个性化推荐和内容定制、虚拟主持人和智能助理，以通俗易懂的语言和丰富多样的表现形式创作优质内容，实现宣传 +AI 跃迁式提升，吸引职工群众的关注和参与。例如，利用虚拟现实（VR）技术展示工会的服务成果，或开展线上线下相结合的创意活动。

近年来，各级工会大力推动创新内容策划，挖掘工会工作中的亮点和特色，策划有深度、有温度的宣传内容，利用社交媒体进行品牌建设和形象塑造，增强工会组织在公众中的认知度和美誉度。例如，天津市总工会紧密结合地方元素，制作《工会建驿站，大家齐夸赞》《全国总工会服务职工热线 12351 开通》，以天津快板作为表现方式，唱出天津职工和工会干部心声；2023 年，为致敬全国亿万产业工人，由广东省总工会出品、广东工会融媒体中心监制的原创 MV《平凡之光》，在网易云音乐、QQ 音乐、酷狗音乐等平台上线，全网点击量超百万次。歌曲同步纳入广东工人艺术团巡演节目单，贯穿全年送文艺进企业演出，巡演超 100 场，深受广大职工好评。

思考提升

请对以下问题进行客观的自我评价：

1. 具备较高的政治素养，能够及时准确地围绕政策解读开展宣传报道。

2. 善于挖掘身边的典型人物，通过宣传报道，先进人物或典型事迹为人熟知。

3. 善于根据工会开展的各种活动进行策划，展示活动的亮点和特色，达到吸引职工、鼓舞人心的作用。

4. 善于使用各类新媒体平台制作形式多样的作品，展开全方位、立体化的报道。

5. 善于维护和运营工会的宣传平台，了解不同平台的传播特点，能够与广大职工有效互动。

延伸阅读

湖南株洲高新区（天元区）总工会打造时尚潮流 IP 引领新生代职工

湖南株洲高新区（天元区）总工会创新职工思想政治引领方式，将时尚潮流 IP 引入职工文体活动和宣传传播工作中，以青年人喜闻乐见的方式，有力提升新生代职工的光荣感、幸福感和使命感。

一是以鲜活镜头礼赞劳动日常。摄制《你好，新区打工人》系列短视频，用充满温情又生动的镜头语言，记录一线产业工人和外卖送餐员、环卫工人等职工群体的劳动场景和奋斗故事。视频推出后，迅速“刷爆”朋友圈及短视频平台，引发广大青年职工的强烈共鸣和一致好评。

二是以生动形象打造职工 IP。以辖区人数最多的 7 个行业职工形象为蓝本，推出严谨专注的研发人员“工小新”、执着专注的技能人才“工小高”、沉稳朴实的一线工人“工小匠”、勤劳热情的新就业形态劳动者“工小达”等 7 个专属“工仔”IP，并广泛应用于文创产品设计和各类工会服务、文体活动开展中，实现各行各业劳动精神与奋斗形象的具象化、生动化、潮流化，受到广大青年职工的热捧。

三是以“潮玩”活动提升引领质效。将传统的思想引领、宣传宣讲、婚恋交友等活动包装为青年职工喜爱的电竞、赛车等“潮玩”活动，邀请劳模工匠共同参加，在潜移默化中提升青年职工的凝聚力和向心力，激发青年职工的创新创造热情和岗位建功之志。

富士康郑州科技园工会构建“工会 +”大宣传格局凝聚“工”力量

富士康郑州科技园工会牢固树立“工作即宣传”理念，着力构建“工会 +”大宣传格局，实现工会宣传工作一体统筹、协同融合、创新创优，为企业发展凝聚“工”力量。

一是夯实基础，宣传阵地全覆盖。在“工会之窗”“劳模一条街”基础上，完善“一窗一站一系统”建设，建置工会视窗 88 个、惠工小站 71 个、广播系统 3 套，实现了园区生产车间、楼层传统宣传全覆盖。

二是健全制度，宣传工作规范化。着眼宣传内容、审核机制、考核激励等方面，制定《郑州科技园工会 2024 年文宣审核机制》《郑州科技园工会 2024 年展示类工作推动方案》《郑州科技园工会 2024 年宣传工作方案》等制度方案，推动宣传工作制度化、规范化、流程化水平不断提高。

三是聚智聚力，新闻产品传播广。每年园区工会官微推送图文、短视频100余篇（个），吸引粉丝21万余人，集团平台推送300余篇（个），在国家、省、市媒体刊发10余篇（个）。

四是创新赋能，宣传品牌提质效。聚焦宣传内容创新、形式创新、路径创新，培育打造宣传品牌。《豫见·美好生活》用漫画形式以小切口呈现大主题，展示职工精神风貌；《富悦·郑工》纪实画册、《爱心兴业，“郑”中情怀》工作纪实影片，立体化呈现工会维权服务成效；《富悦·郑途》电子书收录70余篇专题报道，探索宣传资料汇总数字化路径；《一篇乐章告诉你工会的发展历程》以新颖的表达方式展现工会发展历程。

青海果洛州总工会以“追光人”的故事 汇聚团结奋进力量

青海果洛州总工会着力做好工会品牌宣传，重点策划推出“中国梦·劳动美——追光人”系列短视频宣传报道，采取“一元引领多元、主流引领支流”的方式，用鲜活的镜头记录一线劳动者敬业奉献的生动故事，发挥先进典型的示范引领作用，团结引导全州各族职工争做“懂青海、爱青海、兴青海”的践行者。

一是推树典型事迹。紧密结合生态环境保护、铸牢中华民族共同体意识等重点工作，生动真实记录一线职工故事。短视频《雪域蔷薇》讲述了果洛州疾病预防控制中心综合检验所所长方小丽扎根果洛27年，在肺结核筛查、包虫病检测中实现自我价值的故事。短视频《送进家门的使命》讲述了玛沁县寄递物流共配中心“00后”投递员南军克服重重困难，每日坚持将快递送到大山深处牧民家门口的感人事迹。短视频《“牛”起来的玛尔洛》展示了优秀民营企业——玛沁县玛尔洛乳食品有限公司务实行动谋发展，带动群众齐致富，助力乡村振兴的典型事迹。

二是加大宣传力度。采用“分众传播、定向传播、对外传播”形式，依托互联网，协调各区域的传播媒介，更加有效快捷地宣传。短视频在多家主流媒体平台、果洛州政务类新媒体平台同步发布，阅读量达 92 万人次，点赞量达 11.9 万人次。

第四节　应急处突能力

情境导入

情境一：劳动纠纷引发聚集性事件

某企业由于经营不善，经过民主程序后决定一次性裁减大量员工，但由于某些原因未按照法律规定及时给予合理的补偿，引发员工不满和抗议。某天中午，一些被裁的员工聚集在工厂门口，采取拉横幅、高音喇叭喊话等方式表示抗议，集体讨薪。基层工会干部在得知这一情况后，应该如何行动、迅速响应？应当采取哪些举措才能妥善应对、有效化解矛盾，维护职工合法权益和企业安全稳定？

情境二：设备故障引发安全生产事故

某制造业工厂车间内，一台老旧设备突然发生故障，导致设备失控，并产生高温和剧烈的震动。工人小李和小张正在附近工作，被故障设备所伤。这一事件引起了车间其他工人的恐慌。类似情况在工业企业当中并不少见，面对可能发生在工作场所的火灾、爆炸、机械故障等导致员工伤亡的安全生产事故，基层工会干部如何在第一时间介入，在伤员救治和后续工作中能发挥怎样的作用？

情境三：洪涝灾害致民营企业受损严重

某地区在汛期遭遇严重的洪涝灾害后，一家民营企业因受灾严重而停产，电力设施、设备厂房等重点部位存在安全隐患，职工因道路中断无法上班。企业面临着抢险救灾、恢复生产、保障职工合法权益等艰巨任务。基层工会干部此时应该发挥怎样的作用，帮助企业和职工解决燃眉之急？

能力构成

在基层工会实际工作情况中，可能会出现各种各样的突发事件，既有劳动纠纷事件，也有安全生产事故；既有职业健康问题，也有职工突发疾病或意外伤害，还可能会遇到突发自然灾害和公共卫生安全事故。应急处置工作紧急、细致而复杂，各地、各单位的情况不尽相同。基层工会干部应当具备一定的应急处突能力，从而减少和避免突发事件造成的损失、最大限度地保障职工合法权益、维护企业安全稳定。

基层工会干部应具备的应急处突能力可以概括为：在面对突发紧急事件时，能够迅速有效地应对和妥善处理问题的能力。应急处突，一方面是对紧急事态做出积极的应对，另一方面则是对突发事件进行妥善的处置。其根本目的在于控制、减轻乃至消除突发事件造成的严重危害。面对突发事件，如果没有较强的应急处突能力，一旦防范和化解困难不力，就会让大家遭受重大的损失。只有具备较强的应急处突能力，才能从容应对、化危为机。及时并且有效地应对突发事件，妥善地化解风险矛盾，全力维护职工的合法利益，是进一步提高工会组织行政能力至关重要的方面。同时，这也是构建和谐劳动关系、维护社会和谐稳定的关键内容。在面对突发危机的时候，基层工会干部需要牢牢守住底线思维，树立起大局观念。要把竭诚为职工群众服务当作工会一切工作的出发点和落脚点。特别是在遇到突发问题的时候，能够主动应对风险挑战，为职工群众提供精准、贴心的服务，从而有效地化解危机。在日常工作当中，一定要有居安思危的意识，做到防微杜渐。时刻绷紧应急处突这根弦，不断地提高自己的战斗本领，增强应急处突的战斗力。只有这样，当危机真正来临的时候，我们才能够从容不迫地应对，将危机转化为机遇，为职工群众创造一个更加稳定、和谐的工作环境。

工会在参与劳动关系领域公共事件处理时，要发挥缓冲作用、引领作用、预警作用、协调作用、反馈作用。基层工会干部的应急处突能力从评价指标上可以具体分为风险预判力、角色认知力、统筹协调力、高效执行力这四个维度。

风险预判力，即基层工会干部通过对已有信息的分析、整合以及对潜在趋势的洞察，提前对可能出现的劳动领域政治安全风险等问题进行预测和判断的能力。简单来说，就是基层工会干部通过对现有的各种信息进行仔细分析、合理整合，再加上对潜在发展趋势的敏锐洞察，从而提前对可能出现的劳动领域政治安全风险等一系列问题进行准确预测和判断的一种能力。在应急处突能力素质构成中，风险预判力起着关键的先导作用。它能够帮助我们提前识别潜在的风险点和危机源，就好比在黑暗中点亮一盏明灯，为后续的应急决策、资源调配和行动部署提供重要的依据。

人们常说，预判风险是防范风险的前提，把握风险走向是谋求战略主动的关键。在风险因素日益复杂的今天，基层工会干部一定要有“草摇叶响知鹿过、松风一起知虎来、一叶易色而知天下秋”见微知著的能力。比如，某企业近期订单量骤减，基层工会干部通过对行业动态、企业经营数据等信息的分析，预判企业可能会进行裁员，从而提前做好应对准备，与企业管理层沟通，为职工争取合理权益保障。基层工会干部要及时捕捉带有倾向性、潜在性问题，对潜在的风险有科学预判，知道风险在哪里，表现形式是什么，发展趋势会怎样，制定可行预案，并争取把问题解决在萌芽之时、成灾之前。拥有强大的风险预判力，可以使应急处置变得更加主动、高效，大大减少盲目性和被动性。这样，当真正的危机来临时，基层工会干部才能胸有成竹地应对，将损失降到最低限度，更好地保护职工的合法权益。

角色认知力，即基层工会干部对自己在工作中所扮演的角色，有着清晰理解与准确定位的能力。这种能力可以帮助基层工会干部明确自己的职责、权利、义务以及与其他职工的关系，就像有了一张清晰的地图，从而更好地履行角色责任并且做出恰当的决策。角色认知能力帮助基层工会干部明确职责边界，准确认知自己在应急处突中的具体职责，包括组织疏散、协调资源、沟通信息等，确保各项任务得到有效执行。比如，在某工厂发生火灾时，拥有良好角色认知能力的基层工会干部，能够清楚地知道自己在应急处突中的具体职责：有的干部负责组织疏散职工，确保大家快速、安全地撤离危险区域；有的干部负责协调资源，联系消防部门、医疗部门等，争取最快的救援支持；还有的干部负责沟通信息，及时向职工传达正确的指示和安全注意事项。这样，各项任务都能得到有效执行。

角色认知能力还能帮助基层工会干部把握好角色定位。在突发事件中，基层工会干部要认识到自己是职工的“守护者”，要时刻关心职工的安全和权益；是信息的“传递者”，要把准确的消息传递给职工，避免大家陷入恐慌；是决策的“执行者”，坚决落实上级的指示和安排；是矛盾的“调解者”，比如在资源分配出现争议时，及时化解矛盾；是情绪的“疏导者”，安慰受到惊吓的职工，稳定大家的情绪；是合法权益的“维护者”，确保职工在危机中也能得到应有的保障。基于对自身角色的准确认知，基层工会干部可以在时间紧急的情况下提高工作效率，避免因角色不清导致的工作混乱和重复劳动。准确认知角色后，大家就能各司其职、有条不紊地开展工作，更好地协同合作，做出更符合职责和能力的决策，妥善应对危机。

统筹协调力，即基层工会干部在应对突发事件时，对涉及人力、物力、财力、信息等各类资源进行整合调配的综合能力。危机决策具有时间紧、信息多、压力大、专业强等特点，可谓牵一发而动全身。突发事件发生后，如何统筹全局、协调各方、整合资源，有序应对突发事件，迅速予以处理，考验的是基层工会干部统筹协调的实战能力。统筹协调力的核心在于对全局的把握和规划，这要求基层工会干部要能够像敏锐的侦探一样，准确识别事件的本质，迅速而准确地作出反应，以降低损失和风险。比如，在某企业突然遭遇重大生产事故的时候，基层工会干部首先要根据已知信息迅速判断事故的严重程度和可能影响的范围，然后积极参与协助组织人力、协调物力资源、联系医院等。同时，还要考虑财力方面的支持，为受伤职工的治疗和后续赔偿做好准备。在信息沟通方面，要及时向职工和上级领导通报事故情况，避免谣言和恐慌的产生。

复杂事件的处理往往涉及多方利益相关者。面对这种情况，基层工会干部需要与受影响群体、主管领导、上级工会以及关联部门等各方面进行有效沟通。主要包括与受影响的职工沟通，了解他们的需求和担忧，安抚他们的情绪；向主管领导汇报情况，争取支持和资源；与上级工会协调，获取专业的指导和帮助；和关联部门，如安监部门、劳动保障部门等合作，共同处理事故。通过这样的努力，协调各方利益，减少误解和冲突，从而提升整体应对效率。

高效执行力，即基层工会干部在处置突发事件时，能够迅速、准确、有效地将领导决策转化为实际行动，不拖延、不打折扣地落实各项工作任务，以达成预定目标和良好的执行效果。与处理一般事务相比，应急处突具有鲜明的突发性和一定的危险性，需要投入更多精力、付出更大努力、掌握更多技巧。高效执行力的前提是具有较强的抗压能力，能够在突发事件发生时，做好自身情绪管理，保持冷静的头脑，不能自乱阵脚。

基层工会干部还需要科学分析、敏锐把握事件潜在影响，对事件进行全面分析，密切掌握事态发展情况，提前采取计划。例如，遇到职工讨薪事件时，要迅速了解职工的诉求以及可能出现的风险，提前制定好协调方案。事件处置完毕后，要积极复盘反思，分析应对过程中的得失，总结经验教训。根据反思结果持续优化应急预案和处置流程，提高未来应对突发事件的能力。高效执行力既能够增强工会组织的公信力和影响力，让职工在遇到困难时刻感受到工会的支持和帮助，也有助于提升基层工会在应对复杂局面时的工作效率和质量，让工会在关键时刻发挥更大的作用。

培养路径

习近平总书记强调："年轻干部要提高应急处突能力。预判风险是防范风险的前提，把握风险走向是谋求战略主动的关键。要增强风险意识，下好先手棋、打好主动仗，做好随时应对各种风险挑战的准备。要努力成为所在工作领域的行家里手，不断提高应急处突的见识和胆识，对可能发生的各种风险挑战，要做到心中有数、分类施策、精准拆弹，有效掌控局势、化解危机。要紧密结合应对风险实践，查找工作和体制机制上的漏洞，及时予以完善。"有效开展工会应急处突工作，需要一支具有良好政治素质和业务素质的基层工会干部队伍。这就需要基层工会干部在日常的工作中，既要高度警惕"黑天鹅"事件，也要防范"灰犀牛"事件；既要有防范风险的先手，也要有应对和化解风险挑战的高招；既要打好防范和抵御风险的有准备之战，也要打好化险为夷、转危为机的战略主动战。各级工会要立足新形势，加强工会干部的学习培训，树立工会干部维护职工权益的责任感、使命感，增强工会干部对法律法规和有关政策的把握运用能力，提升工会干部劳动争议调解的组织协调能力。

一、提升风险意识，下好应急处突“先手棋”

基层工会干部要加强思想建设，牢固树立风险意识、忧患意识、底线意识、责任意识，关注国内外局势深刻变化的内涵和发展趋势，坚持预防为主，在关键时刻能够挺身而出，将各项工作落地落实落细。在开展会议组织、活动安排、福利发放等常规工作之前，要对可能发生的紧急情况进行风险评估。在企业经营发生重大变化或推行某项改革政策之前，要有意识地提前预测可能出现的风险点。例如，某企业被收购重组后，传出会大幅调整岗位和薪酬的消息，员工对未来感到迷茫和焦虑，出现情绪不稳定甚至极端行为。在这种情况下，基层工会干部预判员工可能情绪激动，导致调解过程不顺利，提前与员工进行单独沟通，安抚情绪，了解诉求。又如，工会在准备举办一场户外职工趣味运动会，就需要提前考虑到天气、职工意外受伤的现场急救、现场的引导和秩序维护等情况，做好备用方案。

基层工会要围绕重大问题、重大风险隐患，实行清单式管理。从以往发生的突发公共事件中归纳出高危安全风险，并形成分类分级的“安全风险清单”。邀请专业的风险评估师为基层工会干部授课，教授风险识别、分析和评估的方法和工具。组织案例分析研讨会，通过实际案例提高风险预判能力。常态化开展劳动关系领域风险隐患专项排查化解工作，举一反三、见微知著、抓早抓小，坚决防止小事拖大、大事拖炸。用好12351工会服务职工热线，努力把热线建设成为反映职工利益诉求、提供劳动关系矛盾风险隐患线索、推动解决职工实际困难的重要窗口和平台。加强工会信访问题源头治理，有效防范化解劳动领域重大风险隐患，努力提升维护劳动者合法权益和维护劳动领域政治安全能力，有力维护企业和社会大局和谐稳定。

二、加强教育培训，夯实应急处突“基本功”

应急处突面对的情况纷繁复杂、变化多端，涉及的常识和专业知识方方面面。虽然我们无法做到人人都是专家、全才，但要努力掌握基本专业知识。尤其要根据自身短板有针对性地“补课充电”，否则就会产生“木桶效应”，造成风险外溢。基层工会要定期组织工会干部参加专业的应急管理培训课程，包括应急管理理论、法律法规、案例分析等，将各类典型案例纳入干部培训课程，借此促进其学习各类专业知识，提升专业知识水平。对于新上任的基层工会干部，要及时组织上岗前后的专题培训，使其在面对突发情况时能“精准拆弹”，做到心中有数，有条不紊，环环入扣，沉着应对，增强处理纷繁复杂事件的能力。鼓励基层工会干部自主学习相关法律法规、政策文件，熟悉劳动权益保障、安全生产等方面的规定。组织模拟演练和实战化训练，让基层工会干部在模拟的突发事件场景中锻炼应对能力，如进行地震救援、火灾逃生、防汛抗洪等模拟演练等。

在突发危机中，基层干部承受巨大心理压力的能力决定着化解危机的效率。基层工会要注重提高工会干部的心理素质，开展心理辅导和压力管理培训，锻炼他们在紧张环境下的思考和决策能力，帮助他们保持冷静、沉着应对。基层工会干部在危机化解中要直面各种疑难杂症，精神饱满地正视危机，积极做到自我肯定、自我鼓励，不能心存侥幸和畏惧心理，避免自我否定和逃避。例如，面对突发事件及上访职工，基层工会干部要按照有关劳动保障、信访法律法规的规定，坚持依法解决问题与思想疏导教育相结合，做到既妥善化解矛盾，防止矛盾进一步激化，又要依法办事，尽快平息突发事件，最大限度地维护职工合法权益。在服务业中的基层工会干部，如果遇到顾客突发疾病等情况，要能迅速联系医疗人员，并做好现场秩序维护，保障职工和群众的生命财产安全。

三、完善预案体系，织密应急处突“防护网”

提高基层工会干部应急处突能力是一个系统工程，需要从预警、预案、资源配置、人员培训、跨部门合作、技术支持、公众教育等多个方面综合考虑和持续改进。各级工会应加强应急管理体系和能力建设，建立健全风险研判机制、决策风险评估机制、风险防控协同机制、风险防控责任机制，通过共享高效资源，减少应急处突中的“碎片效应”“信息茧房”等问题，实现“精准拆弹”。要绷紧政治安全这根弦，以时时放心不下的责任感，健全用好防范化解风险隐患长效机制，加强研判监测预警工作，常态化梳理排查化解风险隐患。及时处置解决重大风险隐患和突出问题。

首先，基层工会应建立风险信息收集机制，建立健全风险监测和预警体系，提高对潜在风险的识别和预警能力。设立基层工会信息员岗位，定期收集企业内外部的相关信息，包括行业动态、政策法规变化、职工舆情等，加强情报信息汇总和情况研判，加强对舆情的监测和分析，为风险预判提供数据支持，提前做好应对准备。其次，基层工会应建立健全应急管理的制度和流程，明确各部门和人员的职责分工，确保应急处置工作高效有序。例如，制定详细的突发事件应急预案，明确每个环节的责任人和工作要求。此外，基层工会应结合本地区、本单位的实际情况，制定详细且具有可操作性的突发事件应急预案。比如，针对劳动纠纷制定明确的处理流程和责任分工。

四、建立奖惩机制，用好应急处突“指挥棒”

基层工会应完善奖惩机制，对于在各类突发事件面前不畏难不避责、敢于善于应对的基层工会干部要予以褒奖；对于指挥失当、踌躇不前甚至因失职渎职造成严重后果的要严肃问责，让敢担当、善作为成为鲜明导向。应从多个方面对基层工会干部的应急处突成效进行评估，比如，是否及时控制了事态发展，减少了人员伤亡和财产损失；对职工群众的安置和关怀工作是否到位，是否为他们提供了必要的信息支持和心理疏导；对突发事件的后续处理，如隐患排查、总结经验教训等工作是否扎实有效。

一方面，基层工会要优化考核评价机制：科学设置指标、细化考核内容、完善考核方式，客观反映领导干部在应急处突中担当作为的真实表现。突出“量才适用”原则，将考察识别的结果真正落实到“用”上；另一方面，要优化激励和容错纠错机制：建立有效激励机制是增强基层工会干部防范化解危机能力的重要举措，为想干事、能干事、干成事的干部提供制度保障。而容错纠错机制，能最大化为基层工会干部在应急处突中担当作为赋能，通过“松绑”鼓励干部大胆探索和创新。要坚持“三个区分开来”，切实为在应急处突中积极担当作为的干部撑腰鼓劲。

思考提升

请对以下问题进行客观的自我评价：

1. 具备危机管理技能，懂得识别危机的类型和级别，能制定相应的应对策略，有效控制危机的发展和蔓延。

2. 熟悉劳动法律法规常识、应急管理基本政策，能够依法依规处理突发事件中的各种问题，保障职工和企业的合法权益。

3. 善于沟通协调工会组织内部及外部的人力、物力、财力等资源，为应急处置工作寻求有力支持。

4. 具备较好的抗压能力和情绪管理能力，遇到突发状况时能够较为沉着冷静应对。

5. 掌握一定的心理学知识和方法，能够为职工提供心理支持和辅导，缓解他们在突发事件中的紧张、恐惧和焦虑情绪。

延伸阅读

江苏镇江市总工会创新“监督预核查”机制
放大“一函两书”工作实效

江苏镇江市总工会紧盯用人单位单方解除劳动合同问题，联合同级法院、检察院、人社局建立“监督预核查”机制，运用“一函两书”变“事后维权”为“事前预防”，为各地工会解决劳动法律法规执行不到位问题提供了借鉴。

在推行“一函两书”工作过程中，镇江市总工会敏锐捕捉用人单位违法解除劳动合同案件高发这一问题线索，深入调查研究，针对相关工作缺乏规范指引、工会监督缺乏“刚性”等，填补制度空白，建立规范用人单位单方解除劳动合同行为长效机制。

2024 年 7 月，镇江市总工会联合同级法院、检察院、人社局下发《工会监督预核查用人单位单方解除劳动合同工作指引（试行）》，在全市推行。《指引》明确：工会承担对用人单位单方解除劳动合同工作的监督预核查工作；根据 9 种单方面解除劳动合同情形，设置书面预核查、全面预核查两种监督形式，用人单位向工会报送材料，配合监督预核查工作；在实施监督预核查工作中，发现存在侵害劳动者合法权益情况的，准确适用“一函两书”，用人单位未在规定期限内答复，或者无正当理由拒不改正的，由县级以上地方总工会向同级人社部门发出《工会劳动法律监督建议书》，提请执法，同时可将“一函两书”抄送同级检察机关，并移送相关线索材料，由检察机关依法启动法律监督程序，支持工会代表劳动者提出的权益维护诉求；人民法院、劳动仲裁机构审理用人单位单方解除劳动合同案件，可以调取工会监督预核查卷宗。厘清结合点，有效激活了各单位的工作动力。

工会监督预核查与法院审判、检察监督、劳动监察、劳动仲裁有效衔接，建立重大、疑难案件流转机制，发出工会监督预核查《告知书》578 份、“一函两书”119 份，调处案件 107 件，为 110 名劳动者挽回经济损失 181.9 万元。

江苏 12351 热线高效化解多案欠薪纠纷

2023 年 12 月 5 日，农民工李某拨打 12351 江苏省总工会服务职工热线求助，在江苏省、宿迁市两级工会协调下，历时两月，通过联合劳动监察、公安、法院约谈欠薪方，分阶段结算，项目工地督促执行等方式，最终圆满解决涉及两家企业、65 名农民工共计 117 万余元的群体性欠薪案。

一是多案欠薪、案情曲折，对同一当事人多渠道反映同一诉求和同一工程项目多个被欠薪农民工群体投诉进行合并办理和并案一体化处理，提高了处置效率。

二是工会积极融入“清欠办”、劳动领域政治安全联动机制、劳动争议“诉调对接”机制，积极主动履职，运用工会协商调解、法援资源，借助行政、司法手段，全方位、多角度破解农民工讨薪难题。

三是案件办理强化调查核实，综合研判因势利导，适时调整策略，以防范矛盾激化、达成合理诉求实际化解为最终目标，联合劳动监察、公安、法院，对欠薪方进行约谈，寻求多元化解。

四是摆事实、讲道理、释法律，督促相关当事人合理合法提出诉求，及时履行法律义务，积极引导双方达成兑付和解和跟踪落实，促使多起案件并案处理快速化解，最终达到案结事了人和的效果，向涉事农民工提供有情怀、有温度、有效率的工会解决欠薪服务。

浙江衢州柯城区总工会把“劳模工作室”搬进零工市场有效化解劳动争议

浙江衢州市柯城区总工会组建全省首个零工市场联合工会，覆盖5个市场、80余个行业、5000余名会员。针对零工市场用工情况复杂，劳动纠纷多发，区总工会注重发挥退休劳模法律工作者作用，在零工市场挂牌组建集“纠纷调解、法律援助、关爱帮扶”等功能于一体的劳模工作室，累计调解劳动争议73起，成功率超过95%。

一是多元联动，提高化解率。组建“劳模法官＋律师＋企业人力资源管理＋工会工作者”的劳模工作室，入驻零工市场，全面提供“线上维权＋热线咨询＋线下调解”等法律服务，基本实现一般纠纷当天化解、复杂纠纷3日内化解。

二是数字赋能，提高便捷度。在“零工之家”数字平台嵌入“劳动合同”“咨询投诉”等工会工作模块，劳动合同实行全生命周期电子化管理，零工人员可线上申请劳动纠纷调解和涉法问题咨询。

三是完善机制，提高规范性。建立“投诉受理 + 劳动争议调解 + 履约跟踪 + 服务保障”的工作流程，制定星级工作室、星级调解员“双星”评价机制和奖励办法，提高工作人员业务能力和服务水平。

四是源头管控，提高长效性。劳模调解室工作人员常态化深入零工用工较多的企业开展普法宣传，加强对劳动领域风险的监测和预警，针对普法宣传和劳动纠纷化解中发现的违法用工问题，通过约谈、警告、下发“一函两书”等方式进行提醒整改。

本章结语

习近平总书记强调："群众路线是党的生命线和根本工作路线，也应该成为工会工作的生命线和根本工作路线。"新时代基层工会干部的群众工作能力就是走好群众路线应具备的本领。调查研究能力、沟通协调能力、宣传影响能力、应急处突能力等是基层工会干部面对新形势、新情况、新任务，面对复杂形势和艰巨任务，坚持一切为了群众，一切依靠群众，从群众中来、到群众中去，解决矛盾，化解风险，维权服务的必备素质。工会的职责是维护职工合法权益，竭诚服务职工群众，这要求基层工会干部深入了解职工需求，解决实际问题，需要具备良好的沟通、协调、化解矛盾的能力，构建和谐劳动关系，为更好地组织、动员职工群众发挥主力军作用，凝心聚力推动企业高质量发展作出应有贡献。

第5章

新时代基层工会干部应具备的改革创新能力

增强改革创新本领，保持锐意进取的精神风貌，是新时代新征程上党对基层干部提出的明确要求。习近平总书记指出，我们要坚持用时代发展要求审视自己，以强烈忧患意识警醒自己，以改革创新精神加强和完善自己，在应对风险挑战中锻炼提高。

改革创新是党和国家事业发展的不竭动力，也是工会工作高质量发展的重要推动力。提高政治能力、专业能力、群众工作能力，都需要把改革创新能力作为力量源泉，并贯穿始终。党的二十届三中全会为进一步全面深化改革、推进中国式现代化指明了方向、提供了遵循。工会干部特别是基层工会干部要把学习贯彻党的二十届三中全会精神与习近平总书记关于工人阶级和工会工作的重要论述结合起来，把提升改革创新能力作为立身之本、立业之基，要着力强化、不懈追求，始终保持积极进取的精神状态，认清基层工会工作面临的新形势新任务，明确推进基层工会工作的新思路新举措，切实把全国总工会提出的“五化”目标特别是创新化、数智化要求落到实处，不断增强基层工会的引领力、组织力、服务力，推动工会工作迈上新台阶。

立足新时代，奋进新征程。基层工会干部的改革创新能力主要由发现问题能力、创新思维能力、攻坚克难能力和数智力组成。

第一节　发现问题能力

情境导入

情境一：新设备使用，工会如何组织培训帮助职工适应新变化

某制造业企业正在推进产业升级，对产业工人的技能要求不断提高。车间内，新引进的自动化设备逐渐取代了部分传统手工操作，但许多老工人对新设备的使用感到陌生和不安。他们私下议论，希望工会能组织相关的技能培训，帮助他们适应新设备、提高技能水平。然而，基层工会干部小王在收集职工意见时，由于过于关注日常福利和文体活动，而忽视了这一重要的技能培训需求。直到生产线上频繁亮起故障灯，效率报表数据日益下滑，管理层才发现问题所在。

情境二：员工职业发展受阻，工会如何回应

某企业晋升通道狭窄，职工普遍感觉职业发展受阻。车间技术工人小刘，工作勤奋、技能突出，多次在技能竞赛中获奖。但他发现职业发展道路不明朗，多次向基层工会干部表达渴望与困惑，得到的回应却模糊不清或只是简单的安慰。小刘对职业前景迷茫，甚至想离职，周围同事也议论纷纷。职业晋升的“玻璃天花板”成为大家心照不宣的秘密。

情境三：工会如何参与制定合理激励机制，助力职工发展

某企业工会对职工激励机制开展调研，一位老技工说：“我们每天加班加点，但除了基本工资外，几乎看不到额外的奖励。那些小伙子看到这样的待遇，都不愿意留下来学技术了。”工会干部意识到目前企业的激励机制确实过于简单和单一，没有充分考虑到不同年龄段、不同岗位职工的差异化需求。

能力构成

面对工作中遇到的难题和职工的急难愁盼问题，有的基层工会干部缺乏问题意识、缺失问题导向，不想、不会、不敢去直面问题和发现问题，主要表现在以下三个方面。

一是不把问题当问题。有的基层工会干部缺乏担当精神，不愿意触碰“矛盾”、担当责任，对问题视而不见，当“甩手掌柜”，习惯于以“无能为力”为由，或以多一事不如少一事的心态回避矛盾，试图掩盖或淡化问题；有的基层工会干部安于现状，对工作缺乏热情，不会主动了解职工的思想动态和实际需求，不会主动思考工作中存在的问题和改进的方向，总是等待上级指示再去开展工作；有的基层工会干部对于职工的诉求和意见漠不关心，认为这些问题无关紧要或难以解决，就选择忽视问题或敷衍了事。

二是不会精确找问题。有的基层工会干部急于解决问题，疲于应对各种层出不穷的问题，往往容易忽视真正存在的问题；有的基层工会干部对工会的基本理论、业务流程不熟悉，缺乏科学的分析方法，难以准确判断问题的性质，对问题认识不透彻不到位；有的基层工会干部缺乏创新思维，依赖于过去的经验和做法，在工作中墨守成规，局限于传统问题和思路。

三是不能深入研究问题。有的基层工会干部发现问题后，仅停留在问题表面，凭借个人经验和主观判断去分析和总结问题，不会深入挖掘问题的根源和本质，导致解决方案治标不治本，甚至有可能让同样的问题重复发生；有的基层工会干部只重视表面上的热闹和形式，在走访调研中蜻蜓点水、走马观花，没有广泛征求职工的意见和建议，导致调研结果不能准确反映职工的真实诉求。

问题是时代的声音，也是基层工会干部以改革创新精神做好工作的发力点。缺乏发现问题能力，尤其是精准发现最重要、亟待解决的问题，必将导致工作受阻、实际工作结果与期望目标大相径庭。久而久之，小问题会变成大问题，个性问题会变成普遍性问题，容易解决的问题会变成棘手问题。问题的原因是多方面的，比如基层工会干部自身知识结构和专业素养不足，对劳动法律、职工权益保护等与工会工作密切相关的知识了解不够深入，难以迅速准确识别出问题的症结所在、灵魂所在；工作经验和阅历有限，对于复杂多变的工作环境和职工需求缺乏深入的理解和把握，没有足够的案例积累和实践经验去快速识别问题；不能经常深入基层调查研究，与职工沟通渠道不畅，没有主动与职工建立联系，或职工对工会的信任度不高，不愿意主动反映问题，导致不能及时了解职工的真实诉求；缺乏积极的工作态度和强烈的责任心，只是被动执行任务，缺乏竭诚服务职工的意识，职业认同感不强，从而严重制约发现问题的能力等。

基层工会干部发现问题的能力是指能够快速而准确地察觉并发现基层工会工作中存在的实际问题。这种能力不仅包括对显性问题的直接识别，还包括对潜在风险、趋势变化以及深层次原因的敏锐洞察。基层工会干部应具备的发现问题能力可以概括为问题感知能力、问题识别能力、问题分析能力和问题预测能力。

问题感知能力，即通过敏锐的洞察力，能够及时发现工作中存在的问题或潜在风险。这就要求基层工会干部随时保持对职工思想动态、政策变化、工作环境等的敏感性。比如，在日常调研与走访中，基层工会干部及时捕捉到职工对薪酬福利、职业发展、权益保护等方面的情绪变化或潜在需求；密切关注政策环境和社会环境对基层工会工作的影响，及时调整工作思路和策略；通过定期检查工作场所设备设施的运行状况，察觉到是否存在安全隐患等。

问题识别能力，即在感知到问题后，能够迅速而准确地识别出问题的本质根源、影响范围及严重程度。这就要求基层工会干部具备扎实的专业知识和丰富的实践经验，可以准确界定、分类和描述问题。比如，在收集职工意见和建议过程中，基层工会干部通过对问题进行分类和归纳，识别出职工普遍关心、反映强烈的问题；在处理劳动纠纷时，多角度审视问题，发现纠纷背后深层次的问题等。

问题分析能力，即在识别出问题后，能够运用科学的方法和手段，对问题产生的原因、发展的趋势、可能带来的影响进行深入分析和研究。这就要求基层工会干部具备逻辑思考能力、分析判断能力和决策能力。比如，通过有针对性地收集职工满意度调查结果，基层工会干部对数据进行整合和分析，提炼出问题的关键点和有价值的内容；通过借鉴全国工会重点工作创新案例，挖掘创新案例的特色亮点、解决关键问题的途径等。

问题预测能力，即在分析问题的基础上，通过对大量信息资料的系统分析，能够对未来可能出现的问题和潜在风险进行预测和评估。这就要求基层工会干部具备前瞻性和风险评估能力。比如，通过分析历史数据，结合当前形势，基层工会干部能够预测行业发展趋势、技术变革等对职工的影响；对未来可能出现的问题进行风险评估，并制定预防策略和应急预案，以减少问题发生的可能性，降低其影响程度。

培养路径

2024 年以来，习近平总书记多次强调推进全面深化改革要突出问题导向。习近平总书记在湖南考察时指出，“进一步全面深化改革要突出问题导向”。在主持召开中央全面深化改革委员会第四次会议时强调，“改革举措要有鲜明指向性，奔着解决最突出的问题去”。在主持召开企业和专家座谈会时强调，“坚持目标导向和问题导向相结合，奔着问题去、盯着问题改”。发现问题是解决问题的前提，是推动工作的动力。基层工会干部要坚持问题导向，深入研究职工群众和工会工作中遇到的各种困难和问题，及时发现问题并有效推动解决，把发现问题、化解矛盾、解决问题作为履职尽责第一要务，推动新时代工会工作创新发展。

一、发现问题要有“自觉性”

主动赢得一切。增强发现问题的自觉性，是有效解决问题的重要前提和保证。一是从思想上重视问题。提高政治站位，时刻保持强烈的责任心和使命感，把发现问题视为推动工作改进、增进职工福祉的机会，对问题不掩盖、不回避、不推脱，切实提高发现问题的强烈意愿。对于职工反映的每一个问题，无论大小，都要引起足够的关注，给予足够的关怀。二是从态度上正视问题。对于难以解决的问题，要及时向上级汇报，争取更多的支持和帮助。同时，要保持谦逊的态度，注重与职工的沟通交流，虚心向职工学习，从他们的实际需求出发，耐心倾听他们的意见和建议，共同寻找解决问题的最佳路径。三是从行动上寻找问题。善于见微知著，不仅要关注职工反映的普遍问题，还要从与职工交流的表情流露、只言片语中捕捉信息，深刻挖掘共性和个性问题，通过发现一个问题，解决一类问题，提升工会工作的整体效能。

二、发现问题要有“指向性”

以方向寻找目标，从指向寻找重点。增强发现问题的指向性，是精准高效解决问题的关键。为职工解难题、办实事，才能赢得广大职工的信任和尊重。一是强化基层调研的深度与广度。坚持深入生产一线、走进职工群众，通过座谈会、问卷调查、个别访谈等多种形式，一方面收集了解表面上的普遍性问题，另一方面深入挖掘隐藏于日常之中的深层次矛盾与个性化需求。二是建立职工需求动态监测机制。构建科学有效的职工需求动态监测体系，包括设立意见箱、开通热线电话、建立线上反馈平台等，确保职工意见反馈渠道的畅通无阻。同时，定期分析职工需求变化，及时调整工作重点和服务的方式方法和内容，确保工会工作始终紧贴职工期盼与实际需求。三是聚焦重点难点精准施策。围绕职工群众最关心、最直接、最现实的利益问题，把问题找实、根源挖深，避免隔靴搔痒、避重就轻，推动解决职工群众反映强烈的、制约工会工作创新发展的突出问题，从而为职工提供真正需要的、切实可行的贴心服务。

三、发现问题要有“经验性”

在经验中总结规律，一切按规律办事是我们想问题、做决策、办事情的基本遵循，也是推动工会工作创新发展的有效途径。一是强化学习积累经验。树立终身学习的理念，将学习作为提升自我、服务职工的重要途径。通过深入学习党的理论创新成果，掌握最新的工会业务知识、法律知识及政策文件，掌握工会工作一般规律和方法，增强发现实际问题的能力。二是建立机制分享经验。通过定期举办经验交流会、编发工作简报等方式，搭建信息共享平台，及时了解行业动态、探讨工作难题、分享实践经验，形成相互学习、共同进步的氛围，推动整体工作水平不断提升。三是结合实际总结经验。深入剖析工会工作中的成功案例和典型经验，提炼出可复制、可推广的工作方法和策略，总结出具有普遍意义的规律和经验，结合实际工作，尝试运用创新思维从不同领域、不同角度审视问题、剖析问题。

四、发现问题要有“科学性”

科学性是真理的基础，相信科学、运用科学、提升科学，可以使问题发现更精准，预防措施更务实，问题解决更有效。一是强化数智赋能。适应互联网、大数据、信息化时代发展要求，提升数据收集、处理和分析的能力，通过建立职工信息数据库、工作绩效分析系统等，实现对职工需求、工作动态、问题趋势的精准把握。同时，利用数据分析工具，深入挖掘数据背后的规律和趋势，为问题的发现提供科学依据。二是加强团队合作。加强与相关部门的沟通协调，健全联系广泛、服务职工的工会工作体系，通过分工合作、集思广益，准确把握职工的需求变化，全面了解职工的工作和生活状况。三是注重问题排序。运用科学的问题识别方法，如问题树、鱼骨图等，对收集的信息进行系统梳理和分类，并根据问题的紧迫性、重要性、影响范围等因素，对问题进行排序，划分优先级，确保那些对职工利益影响大、对工会工作推进阻碍大的关键问题得到优先解决。

思考提升

请对以下问题进行客观的自我评价：

1. 在处理职工权益投诉或纠纷时，能够迅速分析问题的原因、识别问题的根源。

2. 在设计工会活动时，能够充分考虑职工的兴趣和需求以及活动的实际意义和价值。

3. 经常与职工交流，能够敏锐察觉到职工情绪、表情等方面的微妙变化，提前发现问题。

4. 定期收集职工诉求，能够有效预防潜在问题。

5. 愿意不断学习新知识、新技能，有针对性地提升自己发现问题的能力。

延伸阅读

四川德阳市总工会将“找问题”变成“找办法”让“对我进行监督”成为“我要接受监督”

为帮助企业及时有效应对经济结构调整带来的劳资风险，尽快构建健康稳定的劳资关系，2021年起，四川德阳市总工会开展了以“十个一”为主要内容的企业劳动风险监督工作，即为企业开展劳动用工法律风险排查一次，在职工队伍中开展职工队伍稳定隐患排查一次，为企业经营管理人员和职工开展法律讲座一次，为企业提供法律和决策咨询一次，为企业制定防范和避免法律风险的“法律处方”一次，帮助指导企业按“法律处方”规范整改一次，指导企业工会调处企业内部劳资争议案件一批，开展一次困难职工摸底排查着力解决一批职工困难，指导开展集体协商一次，推动企业与职工签订集体（专项）合同一份。

截至2024年，德阳工会共为90家行业代表企业开展用工隐患排查，举办法律专题讲座90场，开具“法律处方”90份，帮助企业消除劳资领域风险点 930 余个，指导企业签订集体（专项）合同 118 份，帮扶困难职工 134 人次，被排查企业劳资关系和谐稳定，无一例侵害职工合法权益案件发生。劳动风险监督已将“找问题”变成了“找办法”，让“对我进行监督”成为“我要接受监督”，有力促进了企业劳资关系和谐稳定，有效引导了企业劳动保障制度的落地落实。

重庆市永川区总工会将职工急难愁盼“问题清单”变成排忧解难“幸福账单”

重庆市永川区总工会探索职工权益维护的新途径和新方法，将职工急难愁盼“问题清单”变成排忧解难“幸福账单”，为张某等 32 名职工追讨劳动报酬提供法律援助，该做法成功入选全国工会职工法律援助十大典型案例。

一是建立劳动争议一站式化解综合平台。以一区三园为阵地、以联调中心为依托，配齐审判 / 仲裁庭、法官工作室、心理咨询室、律师工作室、劳动争议调解室等，吸纳律师 16 名，维权工作人员增至 24 名，每年投入经费 200 余万元，建成集诉源治理、职工维权、法律援助、诉调对接、裁审衔接、司法保障于一体的劳动争议化解综合服务平台。

二是擦亮“惠工调解”职工权益维护品牌。打造“工会 + 法院 + 检察院 + 公安 + 司法 + 人社 +N”协同联动工作模式，通过一窗受理，运用调解、仲裁、诉讼等方式解决劳动争议，让中心成为职工诉求解决的“终点站”。通过公众号连接劳动争议调解员、律师等“工”益力量，实现维权服务 24 小时“不打烊”。

三是打通职工权益维护“最后一公里”。在全区 23 个镇街建立劳动争议调解组织，新增“三员”队伍至133人，开展专题培训2期，构建起企事业单位、镇街、区总工会三级高效便捷维权服务工作体系，打通职工权益维护的“最后一公里”。截至2024年，永川区工会共调解劳动争议案件7212件，为10992名职工挽回经济损失2.53亿元。

红河州“聚转暖”三步法破解“园区产改难”问题

红河州在推动产改中，立足园区产业工人集中特点，通过“聚转暖”三字法，破解园区“产改难”问题，推动园区产改助力园区经济发展。

一是建立“一体化”推进机制，让产改“聚”起来。突出“政治建设+赋能成长+维权服务”三个重点，在园区一级采取“党工委+市级单位+企业党工组织”，企业一级采取“党工组织+人力资源+安全部门”的联动机制，让园区和园区企业思想上从“要我改”转变为“我要改”。

二是采取“点单式”帮办指导，让产改“转”起来。立足撬动“政府+院校+企业+工人”的多方力量，采取“国企+民企、示范+试点”共建方式，通过先进带后进，“点单”协助后进成立职工培训中心、创新工作室实践、实训基地，帮助各园区组织开展创新创效等活动，不断提升产业工人素质。

三是举办“互助式”共建活动，让产改“暖”起来。按一线职工不低于50%的比例，从企业劳模工匠、技术和管理人员中产生了一批产改观察员，并赋予他们“宣传产改政策、收集意见建议、直接向市级工会反映问题”等职权，再举办产改帮帮行、产改沙龙、产改头脑风暴等互助式活动，推动观察员跨企交流、解决问题。

第二节　创新思维能力

情境导入

情境一：工会活动如何做出新变化

在一次工会活动策划会上，基层工会干部小王手持多年未变的传统活动方案，向大家介绍着即将举行的“老员工经验分享会”和“传统手工艺展览”。年轻员工代表鼓起勇气，提出希望引入更多与新技术、新趋势相结合的活动建议，如“数字化转型研讨会”或“创新思维工作坊”，以适应企业变革和员工需求变化。然而，小王却以“稳妥”为由拒绝变革。他的固执不仅让年轻员工感到失望，也让整个工会活动陷入了缺乏活力和吸引力的困境。

情境二：忽视职工需求，盲目决策引不满

在为员工选择年度福利时，基层工会干部小李没有充分调研员工的真实需求，仅凭个人判断决定为全体员工购买统一的健康保险。他认为这是对员工健康的一种保障，也是工会关怀的体现。但他没有意识到，随着企业规模的扩大和员工结构的多元化，职工的需求也在不断变化。在一次职工代表大会上，多位职工代表表示，他们更希望的是灵活的工作时间、个性化的职业发展规划或实用的培训课程等福利。小李的盲目决策让职工感到自己的需求被忽视，进一步影响了工会的形象和职工的归属感。

情境三：缺乏调研和反思，活动创新半途而废

为了增强团队凝聚力，基层工会干部小赵尝试引入一项创新的工会活动——户外探险挑战赛。然而，由于前期准备不足、路线规划不合理以及安全措施不到位等原因，活动过程中出现了多起小事故，导致职工参与度低且反馈不佳。面对失败，小赵未能及时反思并调整策略，反而以“整体来说还是成功的”为由自我安慰，进一步限制了工会活动的创新和发展。

能力构成

面对快速变化、多样变化的新形势和亿万职工的多样化需求，有的基层工会干部仍然习惯于沿用传统思维模式和工作方法，缺乏创新思维能力，主要表现在以下三个方面：

一是创新意识淡薄。有的基层工会干部在思维上过于保守，对新思想、新方法持抵触态度，面对困难时首先想到的是老办法和旧方案，缺乏跳出思维惯性看问题的能力；有的基层工会干部认为没有必要进行改变或创新，处于一种“无为无过”的状态，工作仅停留在常规任务，不会和新形势、新要求充分结合，不敢拓展工作的内涵和外延，不善谋划工作的亮点和特色；有的基层工会干部对新政策理解不够深入、对新技术认识不够到位，难以准确把握职工的新需求和新期待，导致工会工作与职工实际需求脱节，也无法及时将创新元素融入工会工作中。

二是创新底气不足。有的基层工会干部担心创新尝试可能会带来诸如职工参与度不高、活动效果不理想等不确定性和风险，便选择维持现状，避免进行任何可能带来负面影响的创新；有的基层工会干部缺乏自信、底气不足，不敢轻易尝试创新，倾向于保守行事；当外部资源和支持不足且难以获得，或身边缺乏成功的创新案例和榜样时，有的基层工会干部往往对创新产生怀疑和犹豫。

三是创新精神缺乏。有的基层工会干部对新的工作内容和未知工作领域缺乏好奇心和探索精神，不愿意接触和学习新知识、新技术，更不愿意将其运用到工会工作中；有的基层工会干部在创新尝试遇到挫折时，缺乏自我反思和调整的能力，不愿从失败中吸取教训并改进方式方法，而是选择逃避或自我安慰；在团队协作中，有的基层工会干部担心创新尝试会影响整个团队的工作效率或增加工作量，选择保持沉默或附和他人意见。

缺乏创新思维能力，不仅会抑制基层工会干部的劳动热情、创造潜能和进取精神，还会影响工会工作活力和整体效能的提升。究其原因，从外在因素而言，基层工会干部的在职培训往往只侧重于业务知识和技能提升，而缺乏针对创新思维能力的培训或实践平台；工作和社会环境缺乏鼓励创新、宽容失败的文化氛围，缺乏以创新为导向的评价体系和激励机制；由于资金、技术、时间等资源的约束，导致基层工会干部在创新方面的投入和尝试较少。从内在因素而言，对工作持消极态度、缺乏对创新价值的认同、知识储备不足、受传统思维模式的束缚等，都会限制基层工会干部对新思路、新方法的探索。

基层工会干部的创新思维能力是指能够突破常规，善于因时制宜、知难而进、开拓创新，推动基层工会工作与时俱进创新发展的能力。基层工会干部应具备的创新思维能力可以具体分为开放性思维能力、批判性思维能力、创造性思维能力和系统性思维能力。

开放性思维能力，即不拘泥于传统框架和固有经验，能够保持开放的心态，积极接纳和融合新思想、新方法和新技术。这就要求基层工会干部保持好奇心和求知欲，主动学习新知识、探索新领域。比如，通过座谈、访谈、问卷调查等形式，与职工进行深入交流，以包容和开放的态度去充分理解、耐心倾听不同职工群体多元化需求，从而提供更加贴心和个性化的服务；通过主动寻求和对接外部资源，积极搭建合作平台，学习和借鉴先进经验和做法，并结合实际情况进行创新和优化。

批判性思维能力，即能够独立思考、深入分析、理性评估不同观点，并基于事实和证据作出合理判断。这就要求基层工会干部客观分析和评估信息的可靠性和有效性，挑战传统观点，提出合理的质疑和反驳。比如，对于新政策的贯彻落实，基层工会干部不仅要关注政策的书面要求，还要深入思考政策的实际影响、评估政策的实际效果，以确保政策的有效执行和落地；面对工会工作中的各种问题和挑战，能够深入分析问题，准确把握问题关键点，揭示其背后的原因和本质，从而制定出有效的解决方案。

创造性思维能力，即能够以与众不同的方法和视角创造性地提出问题和解决问题。这就要求基层工会干部具备求新求变的创新精神，善于运用想象力，从不同角度思考问题，从而提出独特见解和解决方案。比如，基层工会干部结合职工的兴趣爱好和实际需求，策划丰富多彩、喜闻乐见的职工文体活动，增强职工的凝聚力和归属感；积极推广现代培训技术和方法，如在线教育、虚拟现实、增强现实等，提高广大职工的培训效果和效率。

系统性思维能力，即能够运用系统观点分析问题的各个方面及其相互关系。这就要求基层工会干部善于全面深入分析问题，并制定出协调一致、相互支持的工作方案。比如，通过综合考虑职工需求、资源条件、政策环境等各种因素，结合可行性和可操作性，制定出符合实际、具有前瞻性的工会工作整体规划和发展战略；通过搭建合作平台、协调利益关系等方式，加强与其他部门的协作沟通、资源共享、优势互补。

培养路径

党的十八大以来，习近平总书记始终高度重视并多次强调坚持创新思维，提高创新思维能力问题。2020 年 11 月，在全国劳动模范和先进工作者表彰大会上，习近平总书记针对努力建设高素质劳动大军提出，“要增强创新意识、培养创新思维，展示锐意创新的勇气、敢为人先的锐气、蓬勃向上的朝气”。党的二十大报告强调：“不断提高战略思维、历史思维、辩证思维、系统思维、创新思维、法治思维、底线思维能力，为前瞻性思考、全局性谋划、整体性推进党和国家各项事业提供科学思想方法。”发现问题、研究问题、解决问题都离不开创新思维，没有创新思维，就难以有创新的行动和实践。随着社会的快速发展和变革，基层工会工作面临着许多新情况、新问题，基层工会干部只有具备强烈的创新思维能力，积极探索新形势下做好基层职工群众工作的方式方法，提高基层工会工作的服务水平，才能在不断解决新问题、新矛盾中把基层工会工作推向深入。

一、多元化获取知识

要形成对某一项工会工作的创新思维，需要构建一个全面多元的知识体系，这不仅是对专业领域的深耕细作，更是跨学科、跨领域的广泛涉猎与融合。一是深入学习贯彻习近平总书记重要指示批示精神和党中央决策部署。进一步加强理论武装，全面贯彻习近平新时代中国特色社会主义思想，全面融入中国式现代化建设，深入学习贯彻习近平总书记关于工人阶级和工会工作的重要论述，切实把思想和行动统一到党中央决策部署和对工会工作的要求上来。二是系统学习专业理论知识。不仅要深入研读工会工作的专业书籍和政策文件，了解其基本理论、业务流程，掌握其发展趋势、未来方向，还要紧跟国内外工会工作的最新研究成果，了解国际工人运动的发展趋势和先进经验。三是注重跨学科知识融合。关注社会结构变迁、社会阶层分化、社会心理变化等对社会关系的影响，深入理解劳动关系中的矛盾与冲突；学习组织行为学、员工激励理论等心理学原理，以更好地把握职工心态，增强工会工作的针对性和实效性；借鉴项目管理、人力资源管理、变革管理等现代管理理论与方法，优化工会内部管理机制，提升工作效率和服务水平。四是关注社会热点与行业动态。推动人工智能、大数据、云计算等新技术在工会工作中的应用，关注国内外经济形势对劳动关系的影响，关注教育、医疗、住房等民生领域的问题，以及性别平等、环境保护等社会议题。

二、多角度分析思考

看问题要善于透过现象看本质，从不同角度、不同层面思考问题，勇于提出新的见解和想法。一是善于运用历史思维。系统学习工会的历史沿革，了解其在不同历史时期的角色定位、职能作用以及取得的成就和面临的挑战，从过去的经验中汲取智慧，为当前问题的解决提供历史智慧，为应对挑战提供借鉴和启示。二是善于运用比较思维。关注研究国际工运动态和趋势，了解不同国家和地区工会的运作模式、创新举措及成效，学习上级工会、其他地方工会的先进经验，通过比较分析差异，通过差异学习借鉴，从而更好地推动基层工会工作的创新发展。三是善于运用辩证思维。用全面的、发展的、联系的观点看待问题，既要认识到基层工会工作中客观存在的矛盾，同时也要认识到这些矛盾是推动基层工会工作发展的动力；在分析问题时，既要考虑当前的具体问题，也要考虑其背后的社会、经济、文化等宏观因素，形成全面而深入的认识；

认识到需要持续关注新的政策导向、技术革新和社会变迁对工会工作的影响，及时调整工作思路和方法；加强基层工会内部各部门之间以及与外部相关单位之间的沟通与协作，形成工作合力，共同推动工会事业的发展。

三、多维度实践探索

实践是检验真理的唯一标准，也是基层工会干部将理论知识转化为实际成果、提升工会工作的实效性和创新性的重要途径。一是塑造与推广实践创新品牌活动。坚持和继承与创新相结合，根据不断变化的新形势、新任务和新要求，积极开展实践创新，持续组织职工参加技术革新、技术协作、发明创造、合理化建议、网上练兵和“五小”等群众性创新创造活动，探索新产业、新业态竞赛活动新形式，通过媒体宣传、社交媒体传播等方式，打造影响力大、引领力强、职工参与度高的活动品牌，吸引更多职工参与。二是强化创新成果的应用转化。积极搭建创新成果展示与交流平台，通过组织培训、案例分享、征集评审、实践指导等方式，促进创新理念与方法的深入学习和广泛传播。要紧密结合工会工作实际，将创新成果转化为解决实际问题的有效工具，确保创新成果真正落地见效，惠及广大职工。三是建立反馈与评估机制。对各项实践探索活动进行定期评估和总结，收集职工意见和建议，及时发现并解决问题。同时，建立长效反馈机制，确保实践活动的持续优化和改进。

四、多方位协调联动

团队协作和集体智慧往往会激发更多创新创造活力。一是加强内部的团队协作。树立“一盘棋”思想，加强与其他工会干部的沟通和协作，建立信息共享机制，通过集思广益、互相学习、共同探讨等形式促进思想碰撞与经验交流，在工作中互相配合、互相支持，形成思想统一、步调一致的工作局面。二是借势借力，深化与其他群团组织的合作联动。积极争取党政的重视支持，联系结合其他群团组织，通过开展调研、举办活动、协同解决职工关切等方式，形成资源共享、优势互补、合作共赢的良好局面。三是拓宽与社会各界的互动联系。探索与社会各界的互动模式，加强与企业、社会组织、媒体等的沟通与联系，通过建立合作关系、开展公益项目、进行宣传报道等方式，扩大社会影响力和认可度。同时，借助社会力量的支持和帮助，推动解决职工群众在就业、教育、医疗等方面的实际困难，让改革发展成果更多更公平地惠及广大职工群众。

思考提升

请对以下问题进行客观的自我评价：

1. 不局限于过去的经验或传统方法，尝试从不同角度审视问题，寻找多样化的解决方案。

2. 通过定期反思总结工作，能够不断调整思维方式和工作方法。

3. 尝试将工会工作与其他领域的先进理念和实践经验相结合，探索符合工作实际需求的创新模式。

4. 能够迅速理解并接纳新思想、新观念，并将其转化为实际工作的创新行动。

5. 通过跨领域合作，能够引入一些先进的管理理念和技术手段，为工会工作注入新的活力和动力。

延伸阅读

四川德阳旌阳区总工会用“三模式”促“三变革”激发“小三级”工会新活力

“小三级”工会联系职工最密切、服务职工最直接，是工会工作的重要基础。四川德阳旌阳区总工会通过加大资源保障，破解制约“小三级”工会发展的难题；通过优化服务模式，提升组织感召力，有效扩大覆盖面；通过升级工具方法，激发职工参与热情，工会组织活力持续上升。

2024 年，旌阳区总工会以全国总工会“小三级”工会建设三年行动为契机，通过窗口收、上门找、蹲点挖、线上提等方式，全面梳理“小三级”工会建设难点，编制短板问题、资源手段、创新措施“三张清单”，制定全区“小三级”工会建设综合配套改革工作方案，激活“小三级”工会新动能。

一是用“逆向思维”模式促“强基变革”。坚持以上补下，设立“小三级”工会经费保障资金池。开展基层工会主席轮训、选聘工会协管员、配备专职工会社工等，破解“小三级”工会人力、财力瓶颈问题。

二是用“前置服务”模式促“组建变革”。践行“服务覆盖”带动“组织覆盖”理念，在区内挂牌成立的所有企业，第一时间将其职工无差别纳入工会服务对象；推动工会服务方式变革，整合各方力量，构建多层次、多元化服务体系，以“点单”方式为职工提供精准服务，以“服务感知”倍增“组建感召”。

三是用“数智赋能”模式促“活力变革”。开发旌阳“小三级”

工会数智管理平台，建立基层组建和职工服务数据“驾驶舱”，实时绘制职工活动热力图，以数据布局职工阵地，新建共享、流动等“职工之家”阵地86个，工会驿站83个。开通“川工之家”APP旌阳频道，通过小积分乐享大福利、小阵地融入大智慧、小平台实现大治理方式，发布活动40期，平台活跃会员占比超70%，以“数智服务”激发参与热忱。

构建“三模式”促“三变革”机制以来，旌阳区总工会投入经费达1500余万元，补充专兼职工会工作者215人、配备率提升31%。实现全区镇（街道）、开发区（园区）、村（社区）工会组建全覆盖，会员实名登记8万余人、较2023年增加1.3万人。运行活跃的“小三级”工会占比78%、较2023年提升55%。

广东中南钢铁股份有限公司工会探索班组级岗位创新助力企业高质量发展

广东中南钢铁股份有限公司工会组织五大创新联盟、27个公司级创新工作室、30个基层蓝领创新工作室与288个班组开展结对帮扶创新创效、专项劳动竞赛、团队课题攻关、班组级岗位创新成果转化、同行企业交流学习、最佳实践案例发布等岗位创新创效活动，营造全员创新氛围。

一是以班组级岗位创新、团队课题攻关为重点，紧紧围绕企业降本增效目标，精心策划开展班组关键指标对标活动、全员岗位创新专项劳动竞赛等，以正激励方式激发基层班组和全体员工的创新热情。

二是加强结对帮扶，快速提升薄弱班组的创新能力，同时鼓励班组创新骨干带着问题去找同行交流学习，激发创新灵感，扩大班组级岗位创新成果。

三是搭建班组级岗位创新成果转化最佳实践案例发布平台，定期组织开展发布活动，发挥示范引领作用，树立基层班组参与活动的信心。

2023 年，公司完成职工岗位创新成果转化引进课题 75 项，实施完成后年化创效约 1700 万元。其中，38 个基层班组实现创新成果转化“零的突破”；申报 1 项及以上发明专利、获得 1 项及以上发明专利申请号的班组 125 个；获得 1 项及以上发明专利授权的班组 59 个。

安徽黄山休宁县总工会开展职工“金点子”竞赛
助力企业高质量发展

安徽黄山休宁县总工会围绕企业创新转型、产业升级、产品提质、效能提升、节能减排等，连续 16 年在全县开展职工合理化建议“金点子”竞赛活动。县总工会牵头印发活动通知，与县委组织部、科商经信局等部门共同组织实施，聘请专家进行实地验收成果，从“金点子”活动中发现、培养、选树劳模工匠人才，助推当地企业高质量发展。

一是活动知名度不断提升。县委、县政府高度重视，从最初群团组织单部门活动，到与党委、政府多部门联动，形成了工作合力，扩大了活动的影响力和覆盖面。二是职工参与度逐渐提高。2009 年至今，参与活动职工达 4 万余人次，共征集“金点子”近千条，其中 40% 来自新能源汽车零配件产业，带动经济效益近 2.8 亿元。三是活动影响力持续扩大。通过活动发现创新人才，让职工当主角，先后获得省级职工技术创新成果 30 项。

当前，休宁县新能源汽车零配件产业集群已汇链成势。产业发展需要科技创新引领，县总工会开展职工“金点子”竞赛活动正是推动新兴产业发展，壮大新质生产力的有效举措，活动已打造成该县创新创意工作品牌。

第三节　攻坚克难能力

情境导入

情境一：畏难情绪导致错失危机解决最佳时机

某企业随着经营压力增大，职工工资发放开始出现拖延现象。职工多次向基层工会干部小王反映此问题，希望工会能作为他们的代表与企业管理层进行沟通。然而，小王担心与管理层关系紧张会影响自身职位稳定，只是简单地记录并向上级汇报，并未主动组织会议或采取其他积极措施来推动解决。随着时间推移，企业拖欠的工资越来越多，职工们的不满情绪也日益高涨，最终在一次大规模集会上爆发，小王才意识到问题的严重性，但已错过最佳解决时机。

情境二：机制缺失导致创新尝试草草收场

为提升职工技能水平，增强企业竞争力，某基层工会计划推出一项职工技能提升项目。项目初期，基层工会干部小李积极筹备，制订了详细的培训计划和预算。然而，在项目执行过程中，还是遇到了资金短缺、师资不足等困难。面对这些挑战，小李没有找到合适的解决方案，只能频繁向上级部门申请资金支持或推诿责任给其他部门。由于缺乏有效的协调和推进机制，项目进展缓慢，部分职工对培训质量表示不满。最终，在多方压力下，项目不得不草草收场，未能达到预期效果。

情境三：工会干部不作为导致劳动争议升级

老张与工厂因加班费问题发生争议，双方各执一词，无法达成和解。面对这种情况，老张向基层工会申请调解。然而，在调解过程中，工会干部未能充分了解双方的具体诉求和证据材料，只是简单地听取双方陈述后提出一个折中方案。由于方案未能充分反映老张的合理诉求，他拒绝接受并决定通过法律途径解决。此时，工会干部并未及时反思调解失败的原因并调整策略，而是将责任归咎于老张的不配合。最终，劳动争议升级为法律诉讼，不仅增加了解决问题的人力成本和时间成本，也损害了工会在职工中的形象和威信。

能力构成

工会改革道路上仍存在着制约高质量发展的重点、难点问题和薄弱环节，我们已经啃下了不少“硬骨头”，但还有许多“硬骨头”要啃；我们已经攻克了不少难关，但还有许多难关要攻克。在这个过程中，有的基层工会干部仍缺乏攻坚克难能力，主要表现在以下三个方面：

一是惧怕困难，担当不力。面对复杂或敏感的问题，有的基层工会干部碰到矛盾和难题就绕道走，不敢动真碰硬，不愿主动承担解决问题的重任，往往选择保持沉默或逃避责任；在需要为职工争取合法权益或与企业管理层沟通协商时，有的基层工会干部缺乏足够的勇气和决心，不敢坚定地与职工站在一起，为职工利益发声；有的基层工会干部在工作中存在官僚主义、形式主义等问题，对职工的需求和困难关心不够，服务意识淡薄，导致实际工作往往脱离职工需求。

二是点子不多，办法不灵。有的基层工会干部只关注表面现象或局部问题，无法全面把握问题的本质和关键要素，容易导致解决方案的片面性和局限性；有的基层工会干部在重大风险挑战面前底气不足、惊慌失措，不善于运用新技术、新方法来应对挑战；有的基层工会干部解决问题后缺乏反思和总结的习惯，只是被动执行上级指示或完成任务，没有从中总结出有效的经验和教训，无法从根本上攻克难题。

三是能力不足，效果不佳。有的基层工会干部在劳动法律法规、劳动关系协调、职工权益保障等相关领域的理论学习不够深入，参加的业务培训不够专业，导致知识储备不足，难以胜任复杂的工作；有的基层工会干部缺乏在协调劳动关系、处理劳动纠纷等方面的实操经验和技巧，难以准确把握问题的关键点和解决问题的着力点；有的基层工会干部德不配位、能力平庸，缺乏沟通技巧、管理能力，组织和动员职工参与的工会活动流于形式、效果不佳。

缺乏攻坚克难能力，见了困难就躲、遇见矛盾就推，用“打太极”“踢皮球”的方式处理问题，只会让纠纷越积越多、意见越来越大，进而导致工会“职工之家”的美誉失色、工会干部“娘家人”的形象失信。究其原因，一方面，受制度与环境的约束，基层工会干部的薪酬体系缺乏公平性，晋升渠道不透明，导致基层工会干部对未来职业发展缺乏信心，从而降低了工作积极性和责任感。同时，基层工会干部考核指标难以量化，导致评价结果主观性强，无法真实反映工作成效。另一方面，受组织文化与管理的约束，基层工会未能形成开拓进取、攻坚克难的良好氛围，导致凝聚力和向心力不足，影响了团队合作精神。管理机制不够灵活，决策流程较为烦琐，缺乏有效沟通和反馈机制，影响了工作效率和响应速度。此外，基层工会干部的专业知识与技能储备不足、心理素质与抗压能力弱、学习意识与创新能力不强等，也可能会限制基层工会干部攻克难关的决心和信心。

基层工会干部的攻坚克难能力指在面对复杂矛盾、问题或具有挑战性任务时，基层工会干部展现出的克服困难、解决难题、实现目标的能力。基层工会干部应具备的攻坚克难能力可以具体分为准确判断发展形势的能力、敏锐捕捉发展机遇的能力、有效应对突发事件的能力和着力解决复杂问题的能力。

准确判断发展形势的能力，即能够全面、深入分析当前经济形势、劳动关系和产业形态发展变化的能力。这就要求基层工会干部具备较强的政治素养、政治敏锐性和政治鉴别力。比如，基层工会干部把稳就业摆在更加突出的位置，加强对职工就业形势的动态监测和分析研判，加大工会就业帮扶和就业培训力度，为失业职工、转岗职工提供更多优质高效的服务；适应形势任务变化，注重从全局高度来审视和从长远大势来把握产业工人队伍建设改革，不断促进企业高质量发展。

敏锐捕捉发展机遇的能力，即在复杂多变的环境中，能够迅速识别并把握有利于自身发展或实现目标的机会与条件的能力。这就要求基层工会干部具备敏锐的洞察力和预见性，准确把握工会工作面临的新机遇、新要求。比如，基层工会干部对各类信息保持高度的敏感性，能够迅速从海量信息中筛选、整理、分析信息，从而更好地把握市场、政策、技术等方面的变化，捕捉到潜在的发展机遇；能够迅速作出科学合理的决策，充分调动并利用相关资源，形成工作合力，共同推动发展机遇的转化和实现。

有效应对突发事件的能力，即面对事先难以预料、突然发生且对社会造成重大影响的事件，能够迅速反应、准确判断、有效决策并妥善处理的能力。这就要求基层工会干部能够根据实际情况和客观条件变化，对突发性复杂情况及时采取相应对策。比如，在紧急情况下，基层工会干部能够迅速作出准确判断，制定科学合理的应对方案，并协调各方力量，有效指挥相关人员应对执行；建立和完善工会自身应对突发事件的指挥决策机构和日常专门管理机构，并针对不同的“警戒级别”制订相应的应对突发事件的预案。

着力解决复杂问题的能力，即面对复杂局面和挑战时，能够有效分析、规划、执行和评估，以达成预定目标或改善现状的能力。这就要求基层工会干部具备主动担当、积极作为的综合应对能力。比如，基层工会干部能够客观认识和分析职工群众急难愁盼问题，抓住主要矛盾或矛盾的主要方面，在矛盾的萌芽时期，及时与有关部门沟通，及早决策予以防范，避免事态不断扩大激化；组织职工开展好劳动竞赛、合理化建议和技术创新等群众性生产活动，为企业解决生产经营和技术方面的困难。

培养路径

习近平总书记强调：“无论是干事创业还是攻坚克难，不仅需要宽肩膀，也需要铁肩膀；不仅需要政治过硬，也需要本领高强。”总书记的谆谆教导激励我们，只有经过急难险重任务的考验和大事难事的历练，才能不断提高干事创业的能力。基层工会干部要敢于攻坚克难、啃“硬骨头”，聚焦主责主业，优化工作职能，认真对待职工群众反映强烈的问题，坚决纠正损害职工群众利益的行为，着力破解制约基层工会工作高质量发展的重点难点问题，真正让工会工作在职工群众中看得到身影、听得到声音、发挥出作用。

一、挑起“担子”——有心劲儿

一个人最大的力量在心上，面对艰巨任务、复杂形势，要担起组织动员职工群众为实现党的中心任务而团结奋斗的重任，我们必须忠诚担当、尽心竭力。一是提升政治素养。坚持以习近平新时代中国特色社会主义思想为指导，深入贯彻习近平总书记关于工人阶级和工会工作的重要论述，自觉服从大局、坚决维护大局，以时不我待的责任感、使命感攻坚克难、持续努力，不断提高政治判断力、政治领悟力、政治执行力。二是坚定理想信念。牢记初心使命，积极开拓进取，把职工群众更加紧密地团结在党的周围，守正创新维护职工群众合法权益，突出重点解决职工群众急难愁盼问题，以更加豪迈的姿态、勇于担当的精神，在组织动员和服务亿万职工群众中攻坚克难、建功立业。三是凝聚奋进力量。加强思想政治引领，客观看待工会工作中的困难和问题，把攻坚克难的过程变成一个统一思想、增强信心、凝聚共识的过程，组织职工群众心往一处想、劲儿往一处使，筑牢团结奋斗的思想基础。

二、找准“调子”——有巧劲儿

攻坚克难不是苦干蛮干，而是要明确方向、步调一致、找准目标后实干巧干。一是坚持步调一致。科学分析和研判，把握新时代新征程工运事业和工会工作的特点与规律，运用科学的分析工具和方法，对形势进行全方位、多角度的分析研判，既要看清困难矛盾和风险挑战，也要明确优势条件和机遇可能，推动实现从不利到有利、从危机到契机的转化。二是强化前瞻思维。针对可能发生的突发事件或重大任务，制订详细的应急预案，明确责任分工、处置流程和保障措施，确保在关键时刻能够迅速响应、有效应对；密切关注国内外经济形势、政策法规、社会思潮等变化，及时研判其对工会工作的影响，提前谋划应对措施；面对新情况、新问题，勇于探索、敢于创新，不断推动工会工作的理念创新、机制创新和方法创新。三是坚决守好底线。善于运用底线思维的方法，牢牢把握主动权，把每一个有可能发生的情况考虑到位，未雨绸缪做好充足准备，从最坏的可能性着手，准备最充足的对策，争取最好的结果，有效应对各项重大任务和突发事件。

三、甩开“膀子”——有闯劲儿

爱拼才会赢，一闯走天下。破解“硬骨头”问题，关键在于拥有破解难题之智和敢闯天下之勇。一是从容的应对力。不断增强工作的科学性、预见性和主动性，切实提高推动高质量发展本领、服务群众本领、防范化解风险本领，加强斗争精神和斗争本领养成，提高驾驭复杂局面、处理复杂问题的能力。二是果敢的行动力。在推进重大战略、重大工程、重大项目、重点产业中接受锻炼、攻坚克难，关键时刻冲得上去，危难关头豁得出来，敢于动真碰硬，不怕得罪人，不怕触及利益，千方百计推动解决职工反映强烈、影响工会作用发挥的突出问题。三是快速的决策力。在复杂局面和棘手难题面前，具备对困难和问题进行深入分析的能力，通过综合考虑各种影响因素，明确其性质、严重程度及解决的紧迫性，理解其背后的原因、影响范围及可能的发展趋势，从而及时作出精准判断，进行果断处置。

四、静下“性子”——有韧劲儿

天下大事，必作于易；天下难事，必作于细。一是乐观向上的品格。面对工作中的挫折和压力，基层工会干部要学会自我调节，保持昂扬向上的精神状态，不断自我激励、自我超越，提高心理承受能力和抗压能力。二是脚踏实地的作风。面对工作中琐碎、细小的事情，把浮躁心理、急躁心态压下来，以认真严谨的工作态度、脚踏实地的工作作风、甘于奉献的服务精神，稳扎稳打，善作善成，努力克服一个又一个困难，办好一件又一件实事，完成一项又一项任务，推动各项工作不断取得新进展。三是冷静理智的心态。面对工作中的突发事件，通过深呼吸、心理暗示等方法，帮助自己迅速平复情绪，保持冷静的头脑和理智的心态，积极寻找解决问题的办法，以清晰冷静的思考做出正确决策。四是持之以恒的努力。攻坚克难并非一朝一夕之功，要以钉钉子精神抓落实，一抓到底、抓出成效。即使遇到挫折和失败，也要从中吸取教训、总结经验，不断调整策略、优化方法，直到攻克难题为止。

思考提升

请对以下问题进行客观的自我评价：

1. 在遇到工作困难或挑战时，能够保持冷静和积极心态，主动寻求解决方案。

2. 在处理复杂劳动纠纷时，能够深入调查，全面了解情况，提出公正合理的解决方案。

3. 在遇到突发事件时，能够迅速组织力量，为职工提供必要的帮助和支持。

4. 在高压环境下，会进行适当的放松和调节，有效管理自己的情绪和压力。

5. 在攻坚克难过程中，经常反思和总结，并将学习到的知识和经验应用到以后工作中。

延伸阅读

宁夏银川市总工会“三大举措”破解“外卖小哥进小区难”难题

宁夏银川市总工会“三大举措”破解“外卖小哥进小区难”难

题。一是全面摸清底数，积极协调美团、饿了么等平台企业和市物业办，发动全市劳动关系信息员，全面排查“外卖小哥进小区难”的准确信息，形成工作台账。二是建立联动机制，由银川市总工会牵头，建立维护新就业形态劳动者劳动关系研判会商协商工作“3+M+N”机制，多次召开会商协调会，将解决“外卖小哥进小区难”问题纳入“银川市住宅小区管理服务能力提升三年行动”的重要内容并达成共识。三是全力推动落实，以保障“外卖小哥进小区、进商圈”突出问题专项整改行动为抓手，开展“安全配送”培训教育、“安全之星”选树、劳动模范评选等，增强了工会的凝聚力和外卖小哥的职业幸福感。将解决外卖员“进小区难”问题的成效作为物业公司星级评定的工作内容，分类施策，创新提供“外卖专车”“管家代送”等服务。

开展全市“最美骑手”选树活动，银川市 20 名外卖小哥当选“最美骑手”。各平台企业规范外卖小哥车辆统一标识、人员工装、配送箱等，制作进入小区身份标识，固定人员实行“定点服务”。推动全市 226 个小区外卖小哥“进小区难”问题和 17 个“大型商业综合体周边外卖小哥停车取餐难”问题逐步解决，同时打造“24 小时”智能化驿站、将外卖小哥纳入全市职工医疗互助保险体系等，努力打造关爱外卖小哥的“银川样板”。

美团升级“骑手友好系列”计划　解决骑手急难愁盼问题

在中国财贸轻纺烟草工会指导推动下，美团升级“骑手友好系列”计划，落地骑手友好系列项目，启动“袋鼠宝贝之家”资助计划，聚力解决骑手急难愁盼问题。

一是全维升级“骑手友好系列”。建设“骑手友好社区”，推动小区划定骑手专用停车区、建设骑手驿站，鼓励骑手参与社区助老助残等公益活动，目前已建107个社区。建设“骑手友好商家”，联合老乡鸡、和府捞面等餐饮品牌落地首批1000家友好商家，预计年内打造10万家。启动“骑手友好校园”项目，增设智能外卖柜，打通校园配送“最后一公里”。

二是全面启动“袋鼠宝贝之家”。联合公益基金会资助儿童服务社会组织，与多地社区共建“袋鼠宝贝之家”，为新就业形态劳动者子女营造安全友好的活动空间，提供社区教育资源与陪伴。目前已在北京、上海等地与8个社区共建“袋鼠宝贝之家”，累计服务近10万人次，预计年内资助20家公益组织。

三是全力做优“关爱保障服务”。开展防暑降温工作，联合餐饮和零售商家为骑手提供折扣清凉餐、免费冷饮。在全国40余个城市核心商圈开展骑手文创集市和夏日关怀巡回冷饮车活动，为骑手免费提供藿香正气液等防暑降温物品和防水挎包等配送用具。

璧山区总工会实施“四联”工作法
破解货运行业工会工作难题

璧山区总工会坚持党建带工建，创新“四联”工作法，推动货运行业基层工会建起来、转起来、活起来。

一是组织联建。做好排查摸底，建立企业清单、人员台账；加强宣传动员，通过展播入会宣传片、发放宣传资料等，营造入会氛围。针对货运行业“小、微、散”实际，成立璧山区货运行业联合工会，吸纳11家货运企业、1600余名货车司机入会。

二是阵地联管。联合区城市管理局等部门升级改造38个“劳动者港湾”，以企业现有场地为依托建成9个“司机之家”，联合区委组织部在“暖心驿站”设立工会普法角，通过“一地多牌、一体管理”，实现阵地共用、运营共管、资源共享。

三是活动联办。坚持“入会”和“服务”并重原则，开展一系列暖“新”服务，推荐货车司机参与重庆市最美产业工人评选，发放“健康大礼包”，赠送新业态意外伤害保险，组织开展“安全行驶、文明服务”运输行业劳动技能竞赛。

四是维权联动。联合区法院、人社等部门依托区级产业工人服务站设立劳动争议联调工作室，在货运企业设立工会劳动争议纠纷人民调解室。在“璧山工会”微信公众号开辟“我要维权”专栏，为货车司机等新业态劳动者维权开辟绿色通道。

第四节　数智力

情境导入

情境一：数据分散引难题

在某企业的基层工会中，各个部门之间各自为政，数据收集和处理系统互不连通，形成了多个“数据孤岛”和“信息孤岛”。基层工会干部小李在准备年度职工福利报告时，发现需要的数据分散在人力资源、财务和行政等多个部门系统中。他不得不逐一联系这些部门的同事，请求他们提供数据。然而，由于系统不兼容、流程烦琐，数据传递效率低下，且经常出现数据不一致或遗漏的情况。虽然小李在整理数据时耗费了大量的时间和精力，但是最终提交的报告却因数据不准确而受到了质疑。

情境二：数智化手段选不好，影响活动效果

某基层工会计划组织年度职工运动会，为了提升活动的组织效率和职工的参与度，决定采用一款在线报名和抽签系统。然而，在实际操作中，由于系统操作复杂、用户界面不友好以及工会干部对数字化工具的不熟悉等原因，报名过程烦琐且错误频发。许多职工在尝试多次后仍然无法成功报名，最终不得不选择放弃参与。

情境三：数据分析应用不足，工作难进步

某基层工会设立了意见箱和在线反馈平台，鼓励职工积极提出对工作环境、福利待遇、职业发展等方面的意见。然而，这些意见只是被简单地记录或汇总，没有进行深入的数据分析和挖掘。比如，多名职工提到了办公室照明不足的问题，但工会干部并没有重视，只是作为个别案例处理。结果，工会虽然收集了大量的意见，但无法从中提炼出有价值的信息来指导决策和制定改进措施。

能力构成

随着新一轮科技革命和产业变革的加速推进和工会数智化建设工程的深入实施，人工智能等新技术在工会工作中积极应用。但有的基层工会干部在数智力方面仍存在对新趋势、新要求的不适应，有的已成为日渐突出的短板，主要表现在以下三个方面：

一是数智化思维有待强化。有的基层工会干部只注重眼前的工作任务和指标完成情况，缺乏长远眼光，未能将数智化转型纳入工会发展的战略规划中，忽视了数智化对工会未来发展的深远影响；面对新技术带来的变革，有的基层工会干部存在抵触情绪，仍固守传统的工作模式，没有完全建立起以数据为核心的决策和创新思维模式，缺乏利用数据进行分析和决策的意识；数智化转型需要多部门之间的协同配合和信息共享，但有的基层工会干部缺乏跨部门协作意识，导致在推进数智化建设时遇到阻力。

二是数字化素养有待养成。有的基层工会干部对数字技术、信息化工具、网络安全等基础知识存在知识盲区，对于云计算、大数据、人工智能等先进技术不够熟悉，数字化适应力、胜任力、创造力不足，导致无法有效利用数字化手段提升工作效率；有的基层工会干部缺乏快速准确地筛选和甄别有价值信息的能力，容易被错误信息或误导性信息干扰；

有的基层工会干部对数据的重要性认识不足，缺乏用数据说话、用数据决策的意识，导致工会工作在决策、执行、评估等环节上缺乏科学性和精准性。

三是数字技能水平有待提升。有的基层工会干部缺乏系统的数字技能培训，不熟悉如何利用互联网、大数据、云计算等新技术创新服务模式，对如何推进工会维权服务的数智化转型思路不清、能力不足；在开发和使用数智化工具时，有的基层工会干部可能忽视用户体验问题，未能充分发掘数智化技术的潜力和优势，导致职工不愿意使用或使用效果不佳；过度依赖数字技术可能导致决策过程中的技术风险增加，如算法偏见、数据安全等问题，基层工会干部可能缺乏对这些风险的足够认识和应对措施。

缺乏数智力，不仅无法充分运用先进技术进行数据分析和决策支持，也无法充分运用数智化手段来改进服务方式、提升服务质量，导致工会服务水平无法满足职工群众日益增长的多样化需求。究其原因，一方面，现有的教育培训体系缺乏针对性和实用性，或资源与技术支持不足等，可能会限制基层工会干部获取数智化知识和技能的机会和途径；另一方面，基层工会干部对数智化的重要性和紧迫性认识不足，缺乏主动学习和应用数智化技术的意愿和动力，加上个人能力与素质差异，导致新技术的接受程度和学习能力也会因人而异。

基层工会干部的数智力指基层工会干部主动适应数字化、智能化时代，把数智化思维和数智化工具贯穿和体现到工会工作各方面全过程的能力。基层工会干部应具备的数智力包括在维护职工合法权益、服务职工群众领域和在工会工作领域实现体系化、数智化和知识化。

一是体系化，即按照“要素化、结构化、指标化、流程化、标准化”要求，构建维护职工合法权益、服务职工群众和工会工作领域的体系。

这就要求基层工会干部在组织和管理工作中展现出系统性、结构性和协同性的能力。比如，基层工会干部能够结合实际情况，建立健全工会工作的各项规章制度，为工会工作的规范化、标准化提供制度保障，包括日常工作循环机制、重大工作重要信息管理制度、舆情与宣传管理制度等；推动基层工会业务流程的标准化和规范化，确保各项工作按照既定流程和标准有序进行，大幅度提高工作效率，包括工会业务工作体系、重点工作流程等；加强基层工会干部队伍建设，围绕全面性、系统性、公正性、科学性和发展性原则设计工会干部培养培育体系、考核评价体系等。

二是数智化，即在体系化的基础上，实现维护职工合法权益、服务职工群众领域和工会工作领域的数字化、智能化。这就要求基层工会干部运用人工智能等新技术，突出及时性、有效性、个性化，大幅提升工会服务每一个职工的能力、水平，以及服务的总能力、总水平。比如，基层工会干部能够通过对海量数据信息的综合分析和提取，发现工会工作的潜在问题和需求，优化工作流程和内容，实现工会工作的精准化和高效化；能够结合职工群众的多样化需求和急难愁盼问题，探索智能化服务的新模式、新途径，为职工提供更加便捷、高效、精准的服务等。

三是知识化，即把基层工会的典型经验、职工群众创新创造经典案例知识化，做到实时共享、及时推广。这就要求基层工会干部加强工会系统知识管理，促进知识在全国工会系统、亿万职工群众实践中的广泛应用，积极推动产生海量成果，发挥知识和智慧的乘数效应。比如，基层工会干部能够注重理论联系实际，将创新创造理念和方法与实际工作相结合，将所学知识和经典案例转化为实际工作；树立终身学习的理念，不断学习借鉴最新典型经验、经典案例，拓宽知识领域和视野，及时调整工作思路和方法，推动工会工作的创新发展。

培养路径

2018 年 10 月，习近平总书记在同全国总工会新一届领导班子成员集体谈话时发表的重要讲话中指出：“要把网上工作作为工会联系职工、服务职工的重要平台，增强传播力、引导力、影响力。”2021 年 10 月，习近平总书记在中共中央政治局第三十四次集体学习时还强调：“各级领导干部要提高数字经济思维能力和专业素质，增强发展数字经济本领，强化安全意识，推动数字经济更好服务和融入新发展格局。”工会数智化建设是一项打基础、利长远的重要工作。基层工会干部要统一思想、高度重视，充分认识推进工会数字化转型的重要性、紧迫性、必然性，充分调动积极性、主动性、创造性，改进传统的工作内容和工作方法，瞄准职工群众需求、服务主责主业，广泛运用现代先进技术、工具和方式赋能工会工作，加快推进工会数智化建设步伐。

一、加大数智化教育培训力度

提高基层工会干部运用数字技术解决实际问题的能力，需要提升工会干部教育培训数智化水平，从而不断适应新趋势、新需求。一是构建全方位的培训体系。强化信息技术、人工智能、互联网、大数据等新知识新技能培训，提升数智化思维和能力，创新技能培训形式，推广线上线下融合培训模式，开发设立数字素养与技能培训网站、移动应用程序和公众账号等，为数字化素养培训提供多样化获取渠道。二是设计差异化的培训方案。根据基层工会干部工作层级、岗位职能以及数智力的实际需求，差异设计定制化、模块化的培训课程，如基础信息技术入门课程、数据分析与决策支持课程、战略思维与数智化领导力培养等，充分激发创新创造活力，确保培训的针对性和实效性。三是打造沉浸式的培训场景。引入虚拟现实（VR）和增强现实（AR）技术，打造沉浸式、情景式、体验式的学习培训场景，在虚拟环境中进行模拟实操和情景演练，直观理解和学习相关知识，增强学习的趣味性和互动性。同时，结合人工智能技术，对学习进度、掌握程度进行智能评估，并根据评估结果推荐个性化的学习资源和改进建议，从而有针对性地提高各项知识和技能水平。

二、提升数字技术应用能力

基层工会干部只有将数字技术知识和技能运用到实际工作中，才能通过创新实践不断充实完善数智化水平。一是加强工会网络平台建设。坚持以职工为中心的工作导向，结合“职工之家”APP，精准掌握职工需求，制定智能化与个性化服务和支持，为广大职工提供建会入会、法律服务、12351 热线、技能培训、就业创业、职业健康、困难帮扶等服务，创建直达亿万职工群众、集成各级工会服务内容的智慧服务终端。积极利用社交媒体、短视频平台等新兴网络渠道，构建全方位、多层次的网络工会矩阵，把网上工作作为工会联系职工、服务职工的重要平台，运用网络聚焦职工所需、工会所能，开展更有针对性的网络权益维护、帮扶服务等项目，为职工提供贴心、暖心、精准的服务，提高工会服务的覆盖率和影响力。同时，建立完善的服务评价体系，鼓励职工对服务进行打分和反馈，及时收集、分析职工意见，不断优化服务内容和质量。二是引入智能化管理工具。全面推广智能办公系统、自动化流程等智能化管理工具和方法，实现公文流转、会议安排、任务分配等日常办公流程的自动化和智能化，优化工作流程和内容，实现信息的共享和实时更新。针对重复性高、标准化强的流程，开发自动化管理工具，如会员管理、活动报名、经费审批等，减少人为错误和重复劳动，提高管理效率。

三是探索创新案例工作的数智化应用。推动党的创新理论与工会工作具体实践相结合，鼓励组织大胆探索、积极创新，及时总结创新案例工作的成功经验和规律性认识。同时，通过构建AI大模型创新案例数据库，提取总结创新工作的共性和特点，深入挖掘关键经验要素，拓展创新案例的研究深度，加强创新案例的宣传推广，形成创新案例示范效应。

三、构建数字化素养考核体系

建立完善的考核体系对于激励基层工会干部加强数智力至关重要。一是细化优化指标体系。加强数字人才队伍建设，制定科学、合理的数字化素养评价指标体系，对基层工会干部的数字化素养设置涵盖理论知识、技能应用、创新能力、实践成果等多个维度的量化指标，并在此基础上引入质化评价，全面评估干部在数字化素养方面的实际表现。二是动态调整考核体系。结合数字化时代的发展需求，及时调整和完善考核体系，不断优化考核内容和方式，定期对数字化素养进行考核评价，以评促学、以评促用，既考查理论知识，又检验实践能力，培养一批既懂工会业务又懂信息技术的数字人才队伍。三是强化激励与表彰机制。建立持续学习和成长的激励与表彰机制，对数智力方面表现突出的个人和团队给予奖励，加大先进典型的宣传力度。四是纳入绩效考核体系。将数字化素养考核纳入工会干部年度考核、绩效评价等体系，将考核结果作为干部选拔任用、评优评先的重要依据。鼓励开展创新实践及时提炼总结新进展、新成效，形成可推广、可复制、可示范的典型经验、创新案例，通过宣传报道、经验分享等方式，营造浓厚的创新实践氛围，并将相关成果纳入绩效考核体系。

四、提高数字安全保护能力

随着数字技术的广泛应用，基层工会工作也面临着越来越多网络安全和数据保护的挑战。一是加强网络安全教育培训。定期开展网络安全知识培训，普及网络安全知识，通过案例分析、警示教育等方式，保持对网络安全领域新动态的敏感性和关注度，提高对网络安全的重视程度和防范意识。二是完善网络安全管理体系。建立健全网络安全责任制，明确网络安全工作中的职责和权限，形成上下联动、齐抓共管的良好局面。统筹推进网络安全和信息化工作，既要在服务中体现便捷、公开、透明，让广大职工群众切实感受到工会就在身边，又要确保信息、数据安全，切实维护劳动领域政治安全。三是加强应急响应与处置能力。制定完善的网络安全管理制度和应急预案，定期对信息系统和数据进行风险评估，加强与上级工会、政府部门、网络安全机构等的沟通与协作，建立信息共享和联合处置机制。

思考提升

请对以下问题进行客观的自我评价：

1. 能够主动学习云计算、大数据、人工智能等先进技术的基本概念、原理、发展趋势等。

2. 在日常工作中，能够熟练运用数智化工具和平台提高工作效率和服务质量。

3. 面对工作中的复杂问题，能够运用数智化思维和方法进行分析和解决。

4. 能够及时对基层工会的典型经验、职工群众创新创造经典案例进行总结、推广。

5. 掌握网络安全知识，具备网络安全防范意识和防护技能。

延伸阅读

吉林长春市总工会以“小积分”撬动“大平台”提升工会数智化建设水平

2024年以来，长春市总工会创新“工会积分制”管理服务新模式，以“小积分”撬动“大平台”，提升工会数智化建设水平，有效调动广大职工和社会资源参与工会服务的积极性。

一是通过工会积分奖励，增强激励引导效能。在长春智慧工会平台采取非货币奖励形式，依据一定的规则将相关工会经费转变为工会积分，吸引广大职工积极参与工会活动，鼓励工会干部、工会社工、工会义工等“三工”群体尽职尽责服务，促进产业工人队伍建设改革，推动普惠服务活动实施。二是明确工会积分类别，激发工会工作动力。确定成长积分、行为积分、贡献积分三个层次，分别针对职工技能素质提升、参加工会活动，以及获得荣誉和作出贡献的情况赋予积分。同时，下放积分赋分权限，鼓励县区工会和部分大型企事业单位积极策划、开展各类积分活动，促进工会业务和服务活动实现线上线下联动。三是配套网络商城建设，实现积分价值转换。根据积分池内积分数量，定期评估资金需求，确定积分兑换价值额度。同步开发“幸福汇”网络商城，让“工会积分”在网络商城内兑换实物商品、工会服务券、消费优惠券等，搭建工会合作伙伴和广大职工需求对接平台，广泛吸引合作伙伴参与工会服务，为广大职工提供优质优惠的产品和服务。

四川德胜集团钒钛有限公司借助“李先华班组管理”APP助力企业高质量发展

四川德胜集团钒钛有限公司借助“李先华班组管理”APP，探索以职工为中心的“五小”全员创新活动模式，助力企业高质量发展。

一是落实全员创新模式。落实“每日一新”“每周一新”的全员创新模式，以 9 个劳模（工匠）技能创新工作室为引领，推动职工全员参与创新。修订《创新奖励制度》，设置以天为单位动态奖励和以月、年为节点的集中奖励，完善“建议—采纳—实施—评价—奖励”全流程高效运转的常态化机制，每年创新成果达 200 多项、年创效益上亿元，累计取得授权专利 453 项。

二是优化班组软件功能。加强班组建设，抽调专业技术骨干成立“李先华创新工作室”，紧扣各项职能管理下沉到班组，进行班组管理 APP 软件设计和优化，主要功能涵盖班组建设、电子看板、制度学习、技能培训、合理化建议、信息向导、积分奖惩。班组管理 APP 覆盖 192 个班组，3000 余名职工。

三是凸显创新创效作用。班组管理 APP 让员工参与性更强、覆盖面更广，平台每年收集各类创新创效建议、成果 2500 余个，其中球团干返料中成品球回收、轧钢 K5 孔型加工方法改进，累计实现直接效益 5000 万余元。该实践创新成果获得国家计算机软件著作权登记，并成功入选成渝地区工业互联网及智能制造服务商资源池。

中国铁路济南局淄博车务段工会积极探索工会经费管理数智化服务化

近年来，中国铁路济南局淄博车务段工会以“职工满意、科学规范、阳光公开”为导向，依托“工会经费审批 +e 家人集体福利慰问”系统，积极探索工会经费管理数智化、服务化，不断提升财务工作质效。

一是经费审批无纸化。借助工会经费审批系统，淄博车务段管内分布在4个城市的64个车站全部实现了工会经费使用线上提报、线上审核、线上打印，节约了经费开支，加强了资金管理，使经费使用更加规范、透明。

二是服务职工便捷化。信息系统自动获取职工的部门、银行账号等数据，大幅减少业务部门的工作量，缩短了审批时间，让职工少跑腿，提升了服务职工的工作质效。

三是监督检查信息化。通过信息系统，可随时查询和调阅审批计划、慰问信息、电子签收单、实时统计表等电子数据，为财务监督检查、经费审查审计，提供便捷、完整的数据支持。

四是数据共享一体化。“e家人集体福利慰问系统”包含退休、生育、结婚、节日慰问等项目，接入人员信息大数据，查询便捷、到期提醒、实时统计，避免了漏报慰问、重复慰问、慰问不及时等现象，实现了慰问数据实时性、准确性。

本章结语

改革激活力，创新添动能。改革创新是推动新时代工会工作高质量发展的不竭动力。发现问题是水平，解决问题是能力。新时代的基层工会干部要改革创新，就必须不断强化问题意识，突出问题导向，以创新思维之智、攻坚克难之勇、掌握和运用数智化之能，深入研究、探寻规律，获取知识、提升素质，抢抓机遇、勇挑重担，按照政治过硬、本领高强的要求，在改革创新中坚定理想信念，在敢闯敢试中坚定决心意志，在竭诚服务、建功发展中强化行动自觉，以敢为人先、事争一流的进取精神奋力开创新时代基层工会工作新局面，为以中国式现代化全面推进强国建设、民族复兴伟业贡献智慧和力量。

结束语

工会干部是党的干部的重要组成部分，是确保党领导的工运事业和工会工作创新发展的关键。党的二十大报告强调，要加强实践锻炼、专业训练，注重在重大斗争中磨砺干部，增强干部推动高质量发展本领、服务群众本领、防范化解风险本领。党的二十届三中全会通过的《中共中央关于进一步全面深化改革、推进中国式现代化的决定》，对提高干部现代化建设能力作出重大部署，明确提出要“健全常态化培训特别是基本培训机制，强化专业训练和实践锻炼，全面提高干部现代化建设能力”，为提高基层工会干部能力素质指明了新的方向。

中国工会十八大报告强调，巩固干部队伍教育整顿成果，落实新时代好干部标准，打造忠诚干净担当的高素质专业化工会干部队伍。中国工会十八大通过的《中国工会章程（修正案）》，在第31条明确要求，各级工会组织要落实新时代好干部标准，努力建设一支坚持党的基本路线，熟悉本职业务，热爱工会工作，受到职工信赖的干部队伍。这给基层工会提高能力素质提出了新的要求。

党的中心任务就是中国工人运动和工会工作的主题和方向。这迫切需要基层工会干部在以中国式现代化全面推进强国建设、民族复兴伟业中以更为宏阔的视野和过硬的能力素质担当重任。当前，经济社会发展不平衡不充分问题仍然突出，市场体系仍不健全，创新能力尚显滞后，城乡区域发展和收入分配差距仍然较大，民生保障、生态环境保护仍存短板，制约高质量发展的思想观念束缚、利益固化藩篱、制度机制桎梏仍普遍存在。从职工群众新期待来看，对美好生活的需要日益广泛、迭代提升，职工群众对美好生活的向往已经从追求"有没有"向追求"好不好"转变，从满足物质性需求向体面劳动、实现自我价值等社会性、精神性需求转变，利益诉求日益多元，自主意识、法治意识、维权意识不断增强。这些都对基层工会干部素质能力提出了新的挑战。

随着世界百年未有之大变局加速演进，世界之变、时代之变、历史之变正以前所未有的方式展开，当今世界变乱交织，百年变局加速演进，局部冲突和动荡频发，世界经济增长动能不足，美西方对我国的遏制打压仍在持续。伴随大国关系深刻调整，传统安全风险明显上升，恐怖主义、气候变化、重大传染性疾病、网络安全等非传统安全风险持续蔓延，传统安全和非传统安全因素相互交织，国际安全风险点增多，各国政治经济社会稳定面临新考验。大国博弈竞争加剧，地缘政治格局更趋复杂。此外，单边主义、保护主义、霸权主义对世界和平与发展构成威胁，国际关系中不公正不平等现象依然突出。这对基层工会干部提升化解矛盾、防范风险的能力和水平，准确把握维护劳动领域政治安全的风险隐患，落实落细劳动领域政治安全各项措施，筑牢工会意识形态工作安全屏障提出了新要求。

新一轮科技创新成为国际战略博弈的主战场，第四次工业革命加速广泛展开，数字化进程推动着生产方式、产品形态、商业模式、产业组织和国际格局的深刻变革，呈现智能化主导、融合式"聚变"、多点突破的态势。以5G、人工智能、物联网、大数据、区块链等为代表的新一代信息技术正在广泛而深入地渗透到经济社会各领域，与生物工程、新能源、新材料等新兴技术交叉融合，将推动新产品、新业态、新模式大量涌现，推动生产生活方式发生颠覆性变革。这使基层工会干部能力素质面临新的考验。

软肩膀挑不起硬担子。基层工会干部直接联系和服务职工群众，是基层工会发挥作用的关键。各级工会组织要建立健全干部培训机制，发挥好工会院校干部教育培训主渠道主阵地作用，扎实开展基层工会干部培训。要坚持把深入学习贯彻习近平新时代中国特色社会主义思想作为主题主线，以坚定理想信念宗旨为根本，以提高政治能力为关键，以增强推进中国式现代化建设本领为重点，教育引导广大基层工会干部深刻领会习近平新时代中国特色社会主义思想，尤其是习近平总书记关于工人阶级和工会工作的重要论述的科学体系、核心要义、实践要求，把握好其中的世界观、方法论和贯穿其中的立场、观点、方法。要紧紧围绕提高基层工会干部现代化建设能力明确培训内容，坚持按需施训、应训尽训，坚持分级分类、全面覆盖，不断扩大受益面，确保各级各类基层工会干部得到全面系统的培训。培训方式是决定培训质量的重要因素，要进一步创新方式方法，把理论学习与现场教学、案例解析、经验交流等结合起来，把线上线下、直播录播结合起来，实现教育培训质的有效提升和量的合理增长。能力提升非一日之功，培训周期是推动培训常态化、长效化的必要保证。要适应形势变化和发展需求合理调整周期，确保基层工会干部学习的连贯性和有效性。

专业的人才能干好专业的事。习近平总书记指出，无论是分析形势还是作出决策，无论是破解发展难题还是解决涉及群众利益的问题，都需要专业思维、专业素养、专业方法。要有的放矢强化专业训练，引导基层工会干部主动加快知识更新、优化知识结构，自觉钻研业务，把专业知识与专业能力、专业精神融为一体，做到知行合一。同时持续开展任职培训和专业化培训，以基层工会干部履职必备的基本知识、基本能力为基础，坚持干什么学什么、缺什么补什么，注重加强新知识新技能学习培训，帮助基层工会干部不断提升专业化水平。专业训练重在实战实训。要突出需求导向，紧贴业务实操，灵活运用案例，围绕全国工会重点工作，分层级分领域开展工会组建、民主管理、维权服务等专题培训，促进基层工会干部及时填知识空白、补素质短板、强能力弱项，成为本工作领域的行家里手。

“耳闻之不如目见之，目见之不如足践之。”“纸上得来终觉浅，绝知此事要躬行。”“不登高山，不知天之高也；不临深溪，不知地之厚也。”这些流传千百年的古语，在今天基层工会干部能力素质培养中仍然闪烁着新的时代光芒。提升素质能力既要靠组织引导和培养，更得靠个人自身努力。提高素质离不开实践，实践越多，积累经验越多，素质才能越强。要持之以恒加强实践锻炼，基层工会干部直接面对各种类型的问题，直接面对各个方面的职工群众，许多工作必须亲自动手，亲力亲为。通过多种渠道、多种措施、多种手段开展工作，积累经验、吸取教训，从实践锻炼中，提高开展群众工作的能力、处理实际问题的能力、应对复杂局面的能力，积累比较全面的一线工作经验和才干。

参考文献

1. 中共中央党史和文献研究院. 习近平关于全面从严治党论述摘编［M］. 北京：中央文献出版社，2021.

2. 中共中央党史和文献研究院. 习近平关于工人阶级和工会工作论述摘编［M］. 北京：中央文献出版社，2023.

3. 全国干部培训教材编审指导委员会. 习近平新时代中国特色社会主义思想的世界观和方法论［M］. 北京：人民出版社，2024.

4. 闻效仪. 工会主席素质模型研究［J］. 中国劳动关系学院学报，2008（4）.

5. 杨元元. 浅谈新时期工会干部的素质能力［J］. 企业家天地，2010（5）.

6. 陈万思，董馨，尤满蛟. 企业工会主席胜任力研究［J］. 工会理论研究，2011（3）.

7. 庄琛，陶慧卿. 企业工会主席的胜任特征研究——以上海市闵行区为例［J］. 工会理论研究，2011（5）.

8. 赵仲杰，孙冬梅. 高校工会主席胜任力模型研究［J］. 北京建筑工程学院学报，2014（3）.

9. 王静. 企业社会工作视角下工会管理者胜任素质模型研究——以

北京某大型国有企业 YH 为例［D］. 北京 : 中国青年政治学院，2016.

10. 徐明. 企业社会工作介入工会管理 : 国企工会干部胜任特征模型构建与应用研究［J］. 中国人力资源开发，2016（16）.

11. 王懂棋. 建设适应时代发展要求的高素质专业化干部队伍［J］. 中国党政干部论坛，2018（8）.

12. 崔金琳，丁洁，董大伟. 北京市工会干部队伍状况调查［J］. 北京市工会干部学院学报，2019（1）.

13. 崔金琳，刘光宇，丁洁，何珺子. “六位一体”工会干部教育培训体系的构建——基于能力素质模型的视角［J］. 山东工会论坛，2020（3）.

14. 本书编写组. 党的二十 大报告辅导读本［M］. 北 京：人民出版社，2022.

15. 全国总工会党组. 以高质量党建为引领开创新时代新征程工运事业和工会工作新局面［J］. 旗帜，2023（01）.

16. 本书编写组. 党的二十届三中全会决定学习辅导百问［M］. 北京：学习出版社，2024.